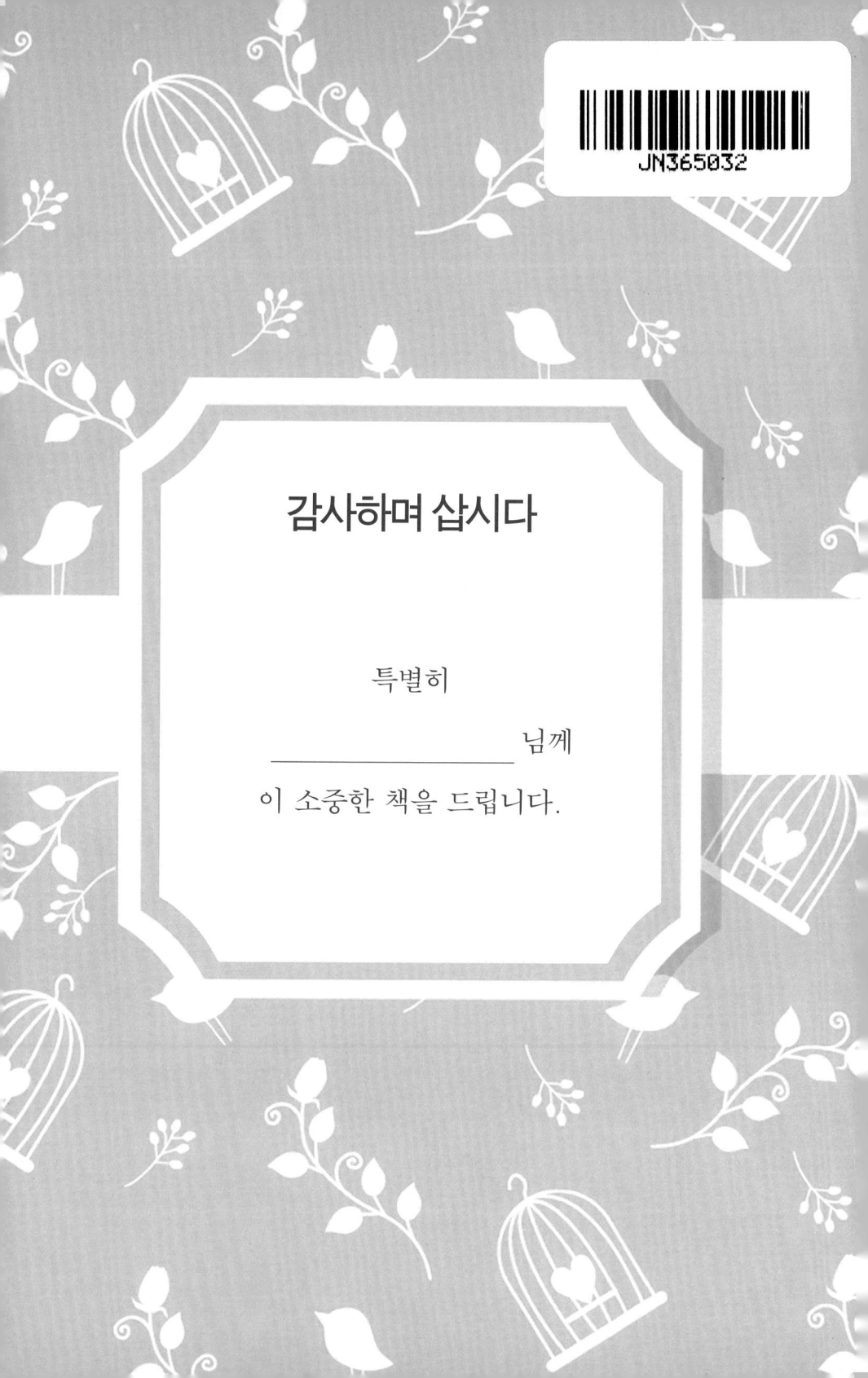

감사하며 삽시다

김원광 지음

나침반

들어가는 말

감사하며 삽시다

"사람이 얼마나 행복한가는 그의 감사의 깊이에 달려 있다."
- 죤 밀러 -

일본 스쿠바 대학의 명예교수로 노벨상 후보이기도 한 세계적인 유전공학자, 무라카미 가즈오 교수는 〈성공하는 DNA, 실패하는 DNA〉라는 책에서 "사람의 성공은 그 유전자가 어떠한가에 달려 있다"고 주장했습니다. 그는 '성공하는 유전자'의 활성화 여부에 따라 사람이 성공할 수도 있고 실패할 수도 있다고 합니다. 그러면서 그는 활성화 되지 못한 '성공하는 유전자'를 다시 활성화시키는 방법이 있는데, 그것은 긍정적인 삶의 자세와 감사하는 마음, 타인을 향한 섬김과 봉사, 그리고 기도와 명상이라고 했습니다. 그는 아마 오랜 연구를 통해 이 사실을 발견했을 것입니다. 그런데 그의 주장이 우리 기독교인들에게는 아주 익숙합니다. 그와 비슷한 교훈들이 성경에 자세히 기록되어 있기 때문입니다.

"항상 기뻐하라. 쉬지 말고 기도하라. 범사에 감사하라. 이는 그리스도 예수 안에서 너희를 향하신 하나님의 뜻이니라"(살전 5:17-18)

"선한 일을 행하고 선한 사업에 부하고 나눠 주기를 좋아하며 동정하는 자가 되게 하라"(딤전 6:18)

놀랍게도 성경은 매우 단순한 언어로, 성공의 길로 나아가는 방법을 교훈하고 있었던 것입니다. 유전자에 대해 아는 바가 없어도, 우리는 성경을 통해 성공하는 유전자를 작동시키는 법을 이미 알고 있었습니다. 노벨상 후보 중 하나로 알려진 유명 학자가 오랜 연구 결과 알아낸 사실이 성경에는 오래 전부터 기록이 되어 있었습니다. 그러니 성경은 정말 놀라운 책입니다.

시편기자는 "감사함으로 그의 문에 들어가며 찬송함으로 그의 궁정에 들어가서 그에게 감사하며 그의 이름을 송축하라"(시 100:4)고 했습니다.

이런 감사 생활이 우리가 성공으로 가는 확실한 통로임을 알아야 합니다. 우리가 감사함으로 하나님 앞에 나갈 때 선하신 하나님은 지속적으로 그 인자하심과 성실하심을 나타내 주십니다.

스펄전 목사님은 "불행할 때 감사하면 불행이 끝이 나고 형통할 때 감사하면 계속해서 형통이 찾아온다"는 매우 유명한 말을 했습니다. C.쿨리지도 "가장 축복받은 사람이 되려면 가장 감사하는 사람이 되라"고 했습니다.

감사는 축복의 문을 여는 열쇠임을 잊지 마십시오.

그래서 이 책에서는 감사에 대해 집중적으로 살펴보았습니다. '감사의 이유와 방법 그리고 감사의 구체적인 내용과 그 특징 그리고 감사함으로 누리는 복'들이 이 책의 중심 내용입니다.

우리가 가진 것들이 우리 삶을 풍성하게 만들어 주는 것이 아닙니다. 도리어 감사하는 자세가 우리 삶을 풍성하게 만들어 줍니다. 그러므로 우리는 무엇보다 먼저 감사를 배워야 합니다. 우리는 모든 일에 어떻게 감사해야 할지를 알아야 합니다. 가정생활, 교회생활, 직장생활, 사업, 자녀 양육 등등에서 우리가 우선해야 할 것은 감사임을 잊지 말아야 합니다. 그것이 바로 복되고 형통하게 사는 길입니다.

부디 이 책을 읽는 모든 분들이 감사의 삶을 사는 가운데 큰 은혜와 복을 누리게 되었다고 간증하는 일들이 풍성하게 일어나기를 진심으로 기원합니다.

김원광 목사

차례

들어가는 말 감사하며 삽시다 ⋯ 4

|1부| 감사의 이유 ⋯ 11

1. 일상에서 누리는 모든 것들이 감사하다
2. 당연히 누릴 것은 아무 것도 없다
3. 지금 나는 가진 것들이 정말 많다
4. 하나님이 우리를 길러 주신다
5. 기도에 응답하신다
6. 합력하여 선을 이루신다
7. 역전할 힘을 주신다
8. 고난 조차도 감사의 내용이되게 하신다
9. 모든 것이 은혜다
10. 하나님이 우리를 구원하셨다
11. 앞서 가며 인도하신다

|2부| 감사의 방법 ⋯ 57

1. 찬양과 연주, 시와 춤
2. 예물을 드림
3. 사명에 충성함
4. 늘 하나님을 자랑함
5. 정성을 다한 예배
6. 선한 일

|3부| 위대한 감사의 사람들 ... 75

1. 눈 깜빡임조차도 감사하다
2. 나병 환자의 감사를 통해 얻은 깨달음
3. 힘들 때도 감사할 일은 있다
4. '암'도 그의 감사를 막을 수는 없었다
5. 감사의 크기가 그 사람의 크기다
6. 삶 자체가 하나님의 선물이다
7. 자식을 먼저 데려가셨지만 그래도 감사하다
8. 주변의 적까지도 감사의 내용이 된다
9. 먼저 감사해야 한다
10. 늘 평범한 하루를 감사
11. 핍절한 중에 드리는 감사
12. 신선한 공기조차도 감사하다
13. 겸손과 감사
14. 전쟁의 비극에도 불구하고 감사
15. 상황을 초월한 감사
16. 장애조차도 감사하다
17. 깨끗한 눈으로 주를 볼 수 있어 감사하다
18. 마음에 새겨진 두 구절
19. 성공의 삼박자-기도, 감사, 꿈
20. 어떤 위협 앞에서도 감사할 수 있다
21. 모든 것이 감사하다

|4부| 감사의 복 ... 149

1. 삶의 여유와 행복
2. 시험을 이김
3. 더욱 큰 은혜와 복을 누림
4. 고통을 이기는 진통제
5. 기적과 축복의 통로

|5부| 나의 감사 ... 171

1. 위로하심 감사
2. 문제를 미리 아시고 해결해 주심 감사
3. 잊지 말아야 할 감사
4. 감사의 마음을 빼앗는 비교의식
5. 성경의 단 맛 가르쳐 주심에 감사
6. 능력 이상의 것들을 맡겨주심이 감사
7. 꿈을 이루어 주심이 감사
8. 치유의 은혜 주심에 감사
9. 더 나은 것 주심에 감사
10. 도울 자들을 일으켜 주심에 감사
11. 돕는 배필로 인한 감사
12. 이해심 많은 아내 주심 감사
13. 우리의 말을 들으심이 감사
14. 사람들의 입으로 찬송받으심이 감사
15. 우리를 위대한 작품으로 만들어 주심 감사
16. 삶에서 두려움을 이기게 하시니 감사
17. 그리스도인의 영적기쁨을 알게 하심 감사
18. 레드카펫 위를 걷기보다
19. 인생의 바른 방향 찾게 해 주심 감사

| 6부 | 감사하는 사람들의 특징 ··· 249

    1. 낙관적인 성격
    2. 겸손한 마음
    3. 합력하여 선을 이룰 것이라는 믿음
    4. 주권자 되시는 하나님에 대한 믿음

| 7부 | 감사의 생활 ··· 265

    1. 습관처럼 감사하자
    2. 감사하는 자들을 찾으시는 예수님
    3. 절기를 지키는 이유

마치면서 범사에 감사하며 살 수 있습니다 ··· 277

1부

감사의 이유

1
일상에서 누리는 모든 것들이 감사하다

"감사는 고결한 영혼의 얼굴이다."
- T.제퍼슨 -

　　　　　미국 검사들 사이에 가장 선호도가 높고 경쟁도 치열해서 내노라하는 유능한 검사들이 지원한다는 브르클린 검찰청에서 부장검사까지 승진한 한국인이 있습니다. 그가 정범진입니다.

　놀랍게도 그는 전신마비 장애 때문에 옷을 입거나 거동하는 것조차 불편한 사람입니다. 그는 자신이 단 하루만 걸을 수 있다면 화장실에 들어가 시원하게 소변을 한 번 보고 싶다고 말할 정도의 심한 장애를 지니고 있었음에도 불구하고 그 모든 어려움을 이기고 많은 사람에게 희망을 주는 사람이 되었습니다.

조지 워싱턴 법과대학에 재학 중이던 25세의 한창나이에 교통사고로 장애를 입었지만 굴하지 않고 각고의 노력 끝에 놀라운 성공을 거둔 그가, 화장실에서 소변보기 위해 사투를 벌이며 두 시간을 보낸 적도 있었다고 고백한 것을 보면서 우리가 일상에서 잊고 사는 감사의 내용들을 생각할 수 있었습니다.

그는 일상에서 우리가 누리는 모든 것이 감사할 제목임을 온 삶으로 보여 주었습니다.

혹시 마음껏 걸을 수 있어서 감사해 보신 적이 있으신가요?

큰 시간 들이지 않고 수월하게 소변을 볼 수 있어서 감사해 본 적이 있으십니까?

지금도 누군가에게는 단지 걷거나, 서거나, 듣거나, 보거나, 웃거나, 만지거나, 냄새 맡거나, 맛을 보거나, 원하는 곳에 가거나, 말하거나, 심지어는 통증을 느끼거나 하는 것이 평생의 꿈일 수 있다는 사실을 기억해야 합니다. 종합병원에 들려서 환자들의 형편을 잠시 살펴보기만 해도 우리는 금방 이런 사실들을 알게 될 것입니다.

지극히 평범한 일상이 사실은 가장 귀한 축복입니다.

평범한 일상이 깨어진 후에야 비로소 우리는 그 평범했던 일상이 바로 복된 순간들이었음을 알게 됩니다. 사고로 사랑하는 자녀를 잃은 부모들은 '공부하던 자녀가 학원가기 싫다고 하소연

하거나, 공부가 어렵다고 징징대던 모습들을 다시 한 번만 볼 수 있으면 얼마나 좋을까?'라는 생각을 할 것입니다. 그러므로 오늘 우리가 걷고, 듣고, 보고, 말하고 하는 이 모든 것들이 정말 놀라운 축복임을 알아야 합니다.

그러므로 우리는 일상에 감사할 수 있어야 합니다.

모든 것들이 주님의 놀라운 은혜와 복이기 때문입니다.

창밖으로 뭉게구름이 푸른 하늘 저편으로
흘러가는 모습만 보여도,
비가 갠 직후 아파트 화단의 화초들이 내품는 향기만 맡아도,
건강한 두 다리로 산책만 할 수 있어도,
떨어지는 낙엽만 봐도,
산과 시내 그리고 아름다운 자연의 풍광만 봐도,
된장찌개, 김치찌개, 각종 음식들의 냄새를 맡으며
식욕만 느낄 수 있어도,
애완동물들의 귀엽고 앙증맞은 모습만 봐도,
기도해 주시고 격려해 주실 부모님만 곁에 계셔도,
밥 먹을 때 곁에 함께 앉아 있어 줄 아내만 있어도,
자녀들의 재롱과 각종 애교만 봐도,
힘이 되어줄 형제들의 얼굴만 볼 수 있어도,
대화 상대가 되어주는 친구들이 있기만 해도,
기분 좋게 활짝 기지개를 펴면서 아침을 맞이할 수만 있어도,
새들이 지저귀는 소리만 들을 수 있어도,

봄을 알리는 개나리와 벚꽃의 아름다움을 볼 수 있기만 해도 감탄하며 일상에 감사할 수 있어야 합니다.

일본의 시바타 도요 여사는 '살아갈 힘'이라는 시에서 아흔이 넘으니 하루하루가 너무나 사랑스럽고, 살아갈 힘을 준다고 했습니다. 그녀는 "뺨을 스치듯 지나가는 바람도, 가끔 친구들이 걸어 주는 안부전화도, 집을 찾아와 주는 다정한 사람들도" 자신이 살아갈 힘을 주는 존재들이라고 고백했습니다.

우리는 일상의 모든 것이 감사할 내용들임을 알아야 합니다.
가만히 주의를 기울이고 주변을 돌아보십시오.
당신의 일상은 감사할 일로 가득 차 있습니다.

평범한 일상 속에서 항상 감사하며 살아가는 비결을 습득할 때 당신은 비로소 세상 모든 사람들에게 행복한 삶을 전할 수 있는 복의 근원이 될 수 있을 것입니다.

2
당연히 누릴 것은
아무 것도 없다

"감사하는 마음을 가지면 만족하게 된다."
- 린다 포포프 -

조정민 목사는 〈사람이 선물이다〉라는 책에서 우리가 누리는 "어떤 것도 당연한 것은 없다"고 했습니다. 그는 땅이 흔들리지 않는 것이나 바닷물이 넘치지 않는 것, 그리고 따뜻한 햇살과 공기를 마실 수 있는 것도 모두 하나님의 은혜이기에 감사해야 한다고 했습니다.

"감사란 특별한 것이 아니라, 받은 것을 받았다고 말하는 것"이라는 글을 읽어 보았습니다. 우리가 지금 누리고 있는 것들은 정말 엄청납니다. 그럼에도 불구하고 감사하지 않는 것은 마치 측량할 수 없는 큰 선물을 받았으면서도 시치미 뚝 떼고 모르는 척 하는 사람과 같습니다. 좋은 나무 성품학교의 이영숙 박사는 "감사란 다른 사람이 나에게 어떤 도움이 되었는지를 인정하고, 말과 행동으로 고마움을 표현하는 것"이라고 했습니다.

도움이 된 다른 사람들에게 고마움을 표현하는 것은 매우 중요한 일입니다. 그런데 여기서 멈추지 말고 우리는 더 나아가야 합니다. 우리는 하나님께도 감사를 드려야 합니다. 사실 하나님은 우리가 감사해야 할 가장 중요한 분이십니다. 우리가 지금 이 땅에서 누리는 모든 것은 하나님이 주신 은혜의 선물입니다.

하나님은 온 우주와 만물을 창조하신 모든 것의 주인이십니다. 하나님은 오늘도 그의 창조세계 속에 살고 있는 우리를 보호해 주십니다. 그러므로 우리가 하나님께 감사하는 것은 지극히 당연하고 우선해야 할 일입니다.

"그가 네 모든 죄악을 사하시며

네 모든 병을 고치시며

네 생명을 파멸에서 속량하시고

인자와 긍휼로 관을 씌우시며

좋은 것으로 네 소원을 만족하게 하사

네 청춘을 독수리 같이 새롭게 하시는도다"(시 103:3-5)

그러므로 우리는 다윗처럼 "모든 것이 주께로 말미암았사오니 우리가 주의 손에서 받은 것으로 주께 드렸을 뿐이니이다"(대상 29:14)라고 고백하며 감사해야 합니다.

밤에 잠 잘 자고, 음식 잘 먹고, 열심히 살고 있다면 하나님께 감사하십시오. 세상에 있는 모든 아름답고 좋은 것들을 접하기만 해도 감사해야 합니다. 온갖 청아한 소리들과, 새들의 울음소리, 시냇물 소리, 낙숫물 소리, 비 소리, 아이들 울음소리, 사랑하는 사람의 코고는 소리들조차도 감사할 내용들입니다.

남북이 나누어져 있는 상황에서 자유로운 남한에 태어났습니다. 발전하는 대한민국에 태어났습니다. 무엇 하나도 우리 스스로 선택하여 얻은 것이 아닙니다. 다 하나님이 거저 주신 것들입니다. 별로 노력한 것도 없이 우리는 이 모든 것들을 누리고 있습니다. 그것이 바로 하나님의 은혜입니다.

우리가 누리고 있는 그 무엇도 당연한 것은 없다는 사실을 잊지 맙시다.

항상 우리 주위에 드리워진 하나님의 은혜의 손길을 바라보고 감사하는 삶을 삽시다.

3
지금 나는
가진 것들이 정말 많다

"신앙이 뿌리라면 감사는 그 열매입니다."
- 이중표 -

한국 성형수술의 발전은 세계적으로 소문이 났습니다. 중국과 중동 등지의 외국 사람들도 성형수술을 받기 위해 우리나라로 원정을 올 정도라고 합니다. 그런데 성형수술 중에는 대머리를 치료하는 것도 있습니다. 교회 집사님 한 분이 이 수술을 받았는데, 그 비용이 상당해서 놀란 적이 있습니다. 대략 머리 한 개 심는데 만 원 이상이 지불된 것 같았습니다. 그런데 수술을 했어도 집사님의 머리카락은 풍성해 보이지 않았습니다. 아마 만개 이상의 머리카락을 심어도 그분의 머리카락이 풍성해 지지는 않았을 것이라는 생각이 들었습니다.

알고 보니 우리 머리에는 머리카락이 한 20만개 정도 있다고 합니다. 머리카락이 많이 빠져 숱이 별로 없는 내 경우에는 그 수가 얼마 되지 않겠지만 머리카락이 풍성한 분들이라면 20만개 이상도 될 것입니다. 그렇다면 어림만 잡아도 우리 머리카락의 가치만 대략 20억입니다. 머리카락 한 움큼만 잡아도 5억이란 말입니다. 이렇게 생각하면 우리가 정말 부자입니다.

생각해 보면 우리는 가진 것이 정말 많습니다.
팔 하나에 1억씩만 쳐도 2억, 다리 하나도 1억이라 하면 2억이 될 테니 굉장하지 않습니까? 그런데 과연 누가 돈을 준다고 자기 팔이나 다리를 1억에 팔겠습니까?
치과진료를 받아 보신 분들은 잘 아시겠지만 건강한 치아를 지니고 있다는 것이 얼마나 큰 복입니까? 치아가 상해서 뽑아내고 임플란트로 교체를 하게 되면 치아 하나에 거의 수백만 원 정도의 돈이 든다고 합니다. 그러니 우리가 가진 치아만 해도 그 가치가 대단합니다. 그리고 아무리 좋은 임플란트가 있다 할지라도 어찌 자기 치아만 하겠습니까?
눈은 얼마만큼 가치가 있을까요? 청각의 가치는 또 얼마나 되겠습니까? 우리 신체의 모든 장기들의 가치만 해도 그 중요성을 헤아리기 어려울 정도입니다. 그러니 지금 가지고 있는 것들만 살펴봐도 우리는 정말이지 엄청난 가치를 지닌 존재들인 것입니다.

또 우리가 가지고 있는 것 중에는 가족들도 있습니다.

우리가 스스로 원해서 지금의 가족을 만난 것이 아닙니다. 그런데 우리 가족의 가치는 얼마나 되겠습니까? 우리 가족이 서로 사랑하는 사이라면 그 가치는 훨씬 더 높아질 것입니다. 세월 호 사건을 지켜보면서 가족 한 사람의 소중성이 온 세상 보다 크다는 생각을 했습니다. 아마 그 가족 분들은 자식이 살아 돌아올 수만 있다면 모든 것을 걸고 싶은 심정일 것입니다. 사실 우리와 함께 하고 있는 가족의 가치는 얼마나 될지 말로 표현하기 어렵습니다.

누구나 이 세상 올 때에 빈손으로 왔습니다.
그런데 가진 것들이 제법 많다는 생각이 들지 않습니까? 주위를 살펴보십시오. 우리가 소유한 것들이 정말 많습니다. 그러나 우리는 가진 것들보다 갖지 못한 것들을 더 주목하며 살 때가 많습니다. 우리는 자신이 갖지 못한 남의 재주나 가족이나 배경이나 특기나 성품과 같은 것들을 부러워합니다. 하지만 실상은 내게도 그들이 부러워할 만한 좋은 것들이 많이 있다는 사실을 알아야 합니다. 전혀 그런 점은 없다고 생각이 되십니까? 그러면 기도해야 합니다. 주께서 우리의 눈을 여서서 좀 더 우리가 가진 것들에 주목할 수 있게 해 주시라고 간구하시기 바랍니다.

우리는 가진 것들이 정말 많습니다. 주께서 이것들을 보게 해 주셔서 우리의 삶에 늘 감사가 넘쳤으면 좋겠습니다.

4
하나님이 우리를 길러 주신다

"감사와 사랑은 우리를 향한 하나님의 사랑에 대한 응답이다."
- W. 템플 -

"**개도 누가** 기르느냐에 따라서 행복감이 다르다"고 합니다.

파리에서 우연히 개 레스토랑에 들렀다가 거기서 개들이 누리는 엄청난 해택에 크게 놀란 분들이 있습니다. 사람들이 개를 데리고 양장점에 가서 맞춤옷을 해 입히고, 레스토랑에까지 개를 데리고 가더랍니다. 개 레스토랑에는 메뉴가 다양하게 준비 되어 있는데, 개털이 더럽혀질까봐 사람들이 개의 입 주변에 턱받이를 받쳐주고, 개는 의자에 편안히 앉아 있는데, 주인이 개의 식성에 따라 음식을 떠서 먹여 주기까지 하더랍니다.

목사가 이런 말을 사용해서 죄송하지만 정말 '개 팔자(?)가 상팔자구나'라는 생각이 듭니다. 우리나라에서도 삼성에서 얼마 전에 전자 장치가 잘 갖춰진 수천만 원짜리 개집을 만든 것이 화제가 되기도 했습니다.

그런데 개는 사실 주인이 누구인가에 따라 너무나 다른 상황 속에 살게 됩니다. 어떤 이들에게 개가 전혀 다른 의미(여름마다 입에 군침이 돌게 하는)로 비추어질 뿐인 것이지요. 중국 위린 시에서 해마다 열리는 개고기 축제가 논란이 되는 것을 세계인이 알고 있듯이 말입니다.

우리들도 누가 기르느냐에 따라 사는 것이 달라집니다.
대통령이 양자로 기른다면, 거지가 양자로 기르는 것보다 더 나은 삶을 살 수 있을 것입니다. 그런데 성경은 우리를 '하나님이 기르시는 양'이라고 했습니다. 하나님이 길러주신다는 것은 완전하게 복된 자로 길러 주신다는 의미인 것입니다.

이것을 생각하면 우리는 감사하지 않을 수 없습니다. 양은 오직 목자가 있어야 보호를 받을 수 있습니다. 약한 인생이 보호받을 수 있는 길은 선한 목자 되시는 하나님의 뒤를 따르는 것입니다. 거기에 안전이 있습니다.

흔들리고, 변화 많은 세상에서도 우리는 선한 목자 되신 하나님의 은혜로 넉넉히 이기며 살아갈 수 있습니다. 그러므로 우리가 그분의 기르시는 양이 되었다는 사실 하나만으로도 감사의 이유는 충분합니다.

"여호와는 나의 목자시니 내가 부족함이 없으리로다

그가 나를 푸른 풀밭에 누이시고

쉴만한 물가로 인도하시는도다

내가 비록 사망의 음침한 골짜기로 다닐지라도

해를 두려워 하지 않니할 것은

주께서 나와 함께 하심이라

주의 지팡이와 막대기가 나를 안위하시나이다"(시편 23편)

주님은 우리가 안심할 수 있도록 분명하게 가르쳐 주셨습니다.
"나는 양을 위하여 목숨을 버리노라."
그 사랑을 아는 자들답게 주 안에서 마음껏 행복을 누리며 감사하는 삶을 살아야 할 것입니다.

5
기도에 응답하신다

"감사하는 자에게 하나님은 베푸시고, 다른 속박을 풀어주신다."
- R. 크릴리 -

예수께서는 나사로의 무덤 앞에서도 "…아버지여 내 말을 들으신 것을 감사하나이다 항상 내 말을 들으시는 줄을 내가 알았나이다"(요 41-42)라고 감사의 기도를 드리셨습니다. 무덤은 모든 것이 끝나버린 곳입니다. 더 이상 희망이나 미래의 복을 꿈꿔볼 수 없는 곳입니다. 그런데 예수님은 그 절망의 자리에서 감사하셨습니다. 예수님의 감사의 이유는 '아버지 하나님께서 항상 자신의 기도를 들으신다'는 것이셨습니다.

"하나님이 항상 우리의 기도를 들으신다."는 믿음이 우리 안에 있다면, 모든 일에 감사할 수 있게 될 것입니다. 전능하신 하나님께서 기도를 들으시고 가장 좋은 것으로 응답해 주실 것을 알기 때문입니다. 심지어 믿음의 사람들은 응답이 오기도 전에도 먼저 감사할 수 있습니다. 주께서 분명히 말씀하셨기 때문입니다.

"구하라 그러면 너희에게 주실 것이요, 찾으라 그러면 찾아질 것이요 문을 두드리라 그러면 너희에게 열릴 것이라"(마 7:7)

"내가 진실로 진실로 너희에게 이르노니 너희가 무엇이든지 아버지께 구하는 것을 내 이름으로 주시리라 지금까지는 너희가 내 이름으로 아무 것도 구하지 아니하였으나 구하라 그리하면 받으리니 너희 기쁨이 충만하리라"(요 16:23-24)

기도를 들으시는 하나님을 믿기에 오늘도 지속적으로 하나님의 은혜를 기다리며 기도하는 사람들이 참 믿음의 사람들입니다. 바로 그들이 주님의 감사를 올바르게 배운 사람들입니다.

어거스틴의 어머니 모니카는 아들을 위해 평생 기도했습니다. 모니카가 기도할 때, 마니교에 빠진 아들이 1700년이 지난 후에까지 세상에 이토록 큰 영향을 미치는 위대한 인물이 될 수 있을 것이라고는 전혀 생각하지 못했을 것입니다. 그러나 끝까지 하나님을 믿고 기도한 어머니의 기도는 아들의 삶에 엄청난 변화를 일으켰습니다. 하나님이 그녀의 기도를 들으신 것입니다.

1992년에 중계충성교회 담임목사가 된 후, 1997년에야 비로소 꿈에 그리던 교회 건축을 할 수 있었습니다. 그런데 1997년은 우리나라가 IMF 체제 아래서 극심한 경제 위기를 경험한 해였습니다. 우리 교회도 이 경제 위기의 직격탄을 맞았습니다.

당시 교회들은 제2금융권 외에서는 대출을 받기가 힘이 들었습니다. 우리 교회 역시 비싼 이자를 주고 제2금융권의 대출을 받아야 했습니다. 그런데 경제 위기로 이자율이 치솟았습니다. 이자율은 년 24%를 넘어섰고, 연체가 될 경우는 36%까지 이자를 내야 했습니다.

1997년은 앞으로도 오랜 세월 두고두고 고난의 해로 기억 될 것입니다. 무거운 금리를 감당하느라 하루하루 숨이 막힐 것 같았던 그때 상황들이 아직도 생생합니다. 당시 우리는 사택을 교회당 안에 꾸미고, 부모님도 모시고 살았습니다. 아내는 날마다 교회 본당에 올라가 기도했습니다. 기도하고 내려오는 아내의 눈은 항상 부어 있었습니다. 많이 눈물을 흘리며 기도한 까닭이었겠지요. 힘든 하루하루의 삶이 정말 무거웠던 모양입니다.

그 즈음에 나는 가까운 노회 목사님들과 서울 근교 산들로 등산을 가곤 했습니다. 불암산, 수락산, 도봉산을 일주일이 멀다하고 오르내렸습니다. 등산하는 시간만은 몸이 힘들어서 그런지 다른 근심이나 걱정이 생기지 않았기 때문입니다. 나는 그렇게 해서라도 마음의 무거운 짐을 조금이나마 내려놓고 싶었습니다.

등산 중에 동행한 목사님들에게 "내가 이 상황들을 잘 버텨낼 수 있을지 모르겠다."는 마음 약한 말도 했던 기억이 납니다.

지금 생각하면 낯이 뜨겁습니다. 정말 믿음이 작았던 것이지요. 그렇게 하루하루 힘들게 버티던 어느 날, 아내가 본당에서 기도하고 내려오는데 이상하게도 얼굴이 환했습니다. 아내가 밝게 웃으면서 내게 한 말이 지금도 생생합니다.

"목사님! 아무 걱정하지 마세요. 나 오늘 응답받았어요. 하나님이 두 번 다시 네가 돈 때문에 울지 않게 해 주시겠다고 약속 하셨어요."

"정말? 그러면 얼마나 좋아? 그렇게되면 정말 좋겠다. 여보."

그냥 지나치듯 대답을 했습니다. 마음속에 '그럴 수만 있다면 얼마나 좋겠어? 하지만 정말 그런 일이 일어날까?' 하는 부정적인 생각이 들었습니다. 다만 힘들어 하던 아내가 그 일로 위로를 받았다고 기쁜 얼굴로 내려온 것이 좋았을 뿐이었습니다.

그런데 그 후로 놀라운 일이 일어났습니다.

교회 일에 열심이 있고 헌신적인 성도들 몇몇이 등록을 한 것입니다. 그분들은 정말 열심히 교회를 섬겼습니다. 특히 교회가 어려울 때마다 물질로 풍성하게 헌신을 했습니다. 얼마 지나지 않아 교회는 재정적으로 안정이 되었습니다. 그리고 불과 4년 만에 건축 부채들을 모두 청산하고, 헌당을 할 수 있었습니다. 더욱 놀라운 사실은 그 응답을 받은 때로부터 지금까지 아내와 나는 돈 때문에 걱정을 하지 않게 되었다는 것입니다. 아니 도리어 모든 것이 넉넉한 사람이 되었습니다. 아내가 기도응답을 받았다고 말한 그대로 모든 일이 이루어진 것입니다.

성경은 우리에게 "구하라 그리하면 주실 것이요 찾으라 그리하면 찾아낼 것이요 문을 두드리라 그리하면 너희에게 열릴 것이니"(마 7:7)라고 말씀했습니다. 문제가 있을 때 우리는 인간적 방법으로 해결책을 찾기 쉽습니다. 우리는 사람이나 주위 여건들을 의지할 뿐 하나님을 의지하지 않는 삶을 살 수 있습니다. 그러나 믿음의 사람들은 항상 하나님을 의지하고 기도하는 자세를 가져야합니다. 인생길에 문제가 있다면 하나님 앞에 더 엎드려야 합니다. 평소 새벽에 기도하는데 기도 응답이 없다면 저녁에도 기도해야 합니다. 아침과 저녁으로 기도해도 응답이 없다면 철야하며 기도해야 합니다. 그래도 응답이 없다면 금식하며 기도해야 합니다.

기도는 우리 힘으로 인생을 사는 것이 아니라, 하나님의 능력으로 산다는 사실을 분명하게 시인하는 행위입니다. 그러므로 끈질긴 기도는 하나님을 의지하지 않고는 살 수 없다고 믿는 사람들의 완전한 믿음의 표현인 것입니다. 인간적인 방법은 부지런히 찾으면서도 기도하는 일에는 게으르다면, 아직도 하나님만을 절대적으로 의지하고 사는 사람이라 말하기 어려울 것입니다.

하나님은 신실하십니다.

하나님은 분명히 살아 계십니다.

하나님은 멀리 계신 것이 아니라 오늘도 우리의 삶 한 가운데 계십니다.

"목사님! 아무 걱정하지 마세요. 나 오늘 응답받았어요."

참으로 하나님은 기도에 응답하십니다. 그러니 감사하지 않을 수가 없습니다.

6
합력하여 선을 이루신다

"감사하는 마음은 모든 미덕의 근원이 된다"
- 키케로 -

아프리카에서 사역을 하게 된 한 여자 선교사님은 악성 위궤양을 앓고 있는 상태에서 선교지에 나가게 되었다고 합니다. 몸 상태가 좋지 않은데다 초기 선교비 조달이 문제가 생겨서 한 달 동안 먹을 것 하나 제대로 구입할 처지가 못되어서 겨우 옥수수 죽만 먹으며 버텨야 했다고 합니다. 그러나 다행히 그 기간을 잘 버텨냈고 몸도 건강해져서 맡겨진 선교사역을 잘 감당할 수 있었답니다. 나중에 고국에 돌아와 사역보고를 하면서 선교지에서 초기에 겪었던 고생에 대해 간증을 했는데, 한 의사분이 이 선교사님을 찾아와서 그 고생이 도리어 선교사님에게 큰 축복이었다고 말해 주더랍니다.

"악성 위궤양은 먹지 않아야 낫는 병인데 그렇게 한 달 동안 제대로 먹지 않고 죽만 먹으며 버틴 것 때문에 선교사님의 병이 나은 것 같으니 하나님이 선교사님을 정말 사랑하시는 것 같다"고 말해 주더라는 것입니다.

가끔 우리가 잘 인지하지도 못할 때에, 주께서 우리를 위해 일하고 계셨음을 깨달을 때가 있습니다. 지금 내가 불평하는 상황이나 일들이 주님의 뜻을 이루는 방편이 될 수 있더라는 말입니다.

우리 교회 차 집사님 가정의 이야기입니다.

2012년에 차 집사님의 큰 딸이 재수를 하게 되었습니다. 차 집사님의 딸은 재수학원에 들어갔는데, 3월에는 적응하느라 힘들어하고, 5월에는 학원에 반감을 가지더니, 7월에는 끊임없는 복통으로 힘들어 하고, 8월에는 학원 사물함에 손가락을 다쳐 수술을 받는 등 정말 힘든 시간을 보냈다고 합니다.

그래도 시간이 흘러 수시 원서를 쓰는 시기가 되었습니다. 하필이면 그때 심한 감기몸살에 걸린 차 집사님의 딸은 지망 학교와 학과가 적힌 종이를 엄마에게 주며 자기 대신 원서 작성을 해달라고 부탁을 했습니다. 딸의 부탁을 받고 지망대학의 경쟁률을 열심히 살펴보던 차 집사의 눈에 유독 경쟁률이 낮은 학과가 눈에 들어왔습니다. 그것은 지리학과였습니다. 지리학과는 다른 대학도 이미 지원했던 터라, 서둘러 원서를 냈습니다. 그런데 마감 시간이 지나고 잠자리에 들었는데 기분이 이상하더랍니다. 무언가 자꾸 목구멍에 걸린 것 같고 뒤에서 잡아당기는 느낌이 들어서 자다가 일어나 컴퓨터를 다시 켜고 학교에 전화 문의를 했답니다.

"OO대 지리학과가 문과인가요? 이과인가요?"

"이과입니다."

다른 대학에서는 문과였던 지리학과가 OO대학에서는 이과지원학과로 되어 있었습니다. 문과 학생도 지원은 할 수 있지만 이과공부를 한 학생들과 수리 논술 경쟁을 해야 하니 문과 학생들이 지원하기는 어렵다고 하더라는 것입니다.

차 집사는 깜짝 놀랐고 그때부터 가슴이 두 방망이 치더랍니다. 문과인 아이가 이과 수리 논술 시험을 봐야하는 일이 벌어진 것입니다. 안타깝게도 그 대학은 아이가 가장 들어가고 싶어 하던 곳이었습니다. 조용히 방에 들어가 앉았는데 '내가 지금 무슨 짓을 했나?' 하는 생각이 들어 탄식과 함께 눈물이 나더랍니다.

'다른 엄마들은 박사들처럼 대입전형에 대해 해박하게 잘 알고 자녀들을 도와주는데, 나는 도리어 엉뚱한 수시지원으로 딸의 시험을 망쳐 놓았으니 얼마나 한심한가?' 하는 자책이 몰려와 어쩔 줄을 모르겠더랍니다. 무엇보다 딸이 받을 충격을 생각하니 걱정이 태산 같았습니다.

아이가 집에 왔는데 입이 떨어지지 않았습니다.

다른 엄마들에게도 부끄럽고 창피해서 말을 할 수가 없었습니다. '엄마가 어떻게 그런 것도 모르냐?'고 비난하는 소리가 들리는 것 같더랍니다. 용기를 내서 그 말을 했더니 생각했던 대로 모두가 측은하게 바라보며 "자기야 어떻게 기본적인 것도 모르고 수시를 쓰냐? 쯧쯧쯧"하더랍니다. 가시방석에 앉은 것 같은 나날이 지나갔습니다. '언제 어떻게 딸에게 말을 해야 하나?' 고민하고 있는데 마침내 딸이 그것을 묻더랍니다.

"엄마. ○○대 문과 논술 맞아?"

"으응......미안해......어떻하니?.......엄마가 잘못 알았어......"

겨우 대답을 했더니, 차 집사의 딸이 서 있다가 갑자기 '쿵!' 하고 자리에 주저앉더랍니다. 아이는 그날 학원도 안가고 하루 종일 자기 방에서 나오질 않았습니다.

이틀 후에 딸이 학원에 가긴 했는데 저녁 6시쯤 복통이 심해 조퇴를 해야 할 것 같다는 전화 연락이 왔습니다. 급히 학원에 달려가 아이를 데리고 와서 따뜻한 방에 누이고 약을 먹이는데 차 집사님은 한 마디도 할 수가 없어서 그저 곁에 앉아 눈물만 흘려야 했습니다. 배가 아픈 이유가 큰 상실감 때문임을 너무나 잘 알았기 때문입니다.

그런데 바로 그때 전혀 예상치 못한 일이 일어났다고 합니다. 누워 있던 차 집사님의 딸이 갑자기 울고 있는 엄마의 손을 잡고 이런 말을 해주더라는 것입니다.

"엄마, 너무 미안해하지마. 나 괜찮아. 내 잘못이 더 커. 처음에는 엄마가 원망스러웠어. 애들이 엄마가 어떻게 그럴 수 있냐고 말하니까 더 속상해지는 거야. 그런데 다시 잘 생각해보니까 아닌 거야. 수시 원서 하나 날아갔다고 뭐가 그리 큰일이야? 괜찮아. 그리고 고마워. 엄마가 지금껏 키워주셔서 고맙고, 엄마가 내 엄마여서 고마워. 나는 이 다음에 엄마처럼 살 거야. 내 인생의 롤 모델은 엄마야. 저를 잘 키워주셔서 정말 고맙습니다."

차 집사는 딸의 그 말이 너무나 고마워서 모녀가 함께 부둥켜안고 눈물을 흘렸답니다. 모녀는 힘들었지만 결국 모든 문제를 잘 이겨낼 수 있었습니다.

차 집사님은 이 일이야말로 하나님이 자기에게 주신 가장 좋은 선물이었다고 말합니다. 20년 동안 자녀들을 키우면서 '내가 정말 아이들을 잘 키우고 있느냐?'고 하나님께 계속 여쭈었다고 합니다. 그런데 이 일로 인해 그 의문이 풀어진 것입니다.

차 집사님은 기뻐서 딸에게 "이제 엄마는 네가 지방대를 가든 전문대를 가든 걱정이 없다. 어딜 가든 가장 좋은 것을 주실 하나님을 믿으니까"라고 말해 주었습니다. 딸도 엄마의 말을 진심으로 받아들였습니다.

이전에도 차 집사님은 딸에게 같은 말을 한 적이 있었지만, 그건 진실이 아니었다고 합니다. 마음속으로는 딸이 다른 사람에게 말할 때 부끄럽지 않은 좋은 대학에 갔으면 하는 바람이 여전했었다는 것입니다. 그러나 그때는 진심으로 그 말을 했다고 합니다.

그 후 차 집사님의 딸은 수능에 응시를 했습니다.

수능 성적은 예상보다 나빠서 성적이 전년보다 더 내려갔는데, 이상하게도 마음은 평안하더랍니다. 놀라운 일은 이과 수학논술 시험을 보는 OO대 수시를 포기할 것이라고 생각했던 딸이 그 대학에 응시하겠다고 하더라는 것입니다. 모두가 부질없는 일이라고 생각했지만, 아이는 상관하지 않고 최선을 다해 열심히 시험을 준비했습니다. 나중에 시험을 치고 돌아온 딸이 "엄마, 나 종치기 2분전까지 이과 논술 시험문제를 엄청 열심히 푼 거 알아? 답은 다 틀렸겠지만."하더랍니다.

감사하게도 차 집사님의 딸은 몇 군데의 대학에 합격을 했습니다. 그런데 그 합격한 대학 중에는 기적같이 OO대 지리학과도 포함이 되어 있었습니다. 차 집사님의 딸이 불가능하다고만 생각했던 이과 논술시험을 통과해서 원하던 대학에 합격을 한 것입니다. 하나님께서 아무도 생각지 못한 결과를 얻게 해 주심으로 그 가정에 충만한 기쁨을 주신 것입니다. 차 집사님 가족 모두는 이 일로 인해 크게 놀랐습니다.

그 후 합격한 대학들 중에 어디로 진학할 것인지를 정하는 가운데 더 흥미로운 일이 벌어졌습니다. 아직 예수를 믿지도 않는 차 집사님의 남편이 불쑥 이런 말을 하더라는 것입니다.

"당신이 믿는 하나님이 정말 살아 계신가 봐. 그렇다면 하나님이 붙여 주신 학과에 진학해야 하지 않을까?"

의사였던 차 집사님의 남편은 아마 그 모든 일을 겪으면서 많은 생각을 했던 모양입니다. 자기 생각이 확고해서 아내와 신앙생활을 함께 하지 않는 남편이 이런 말을 하니, 그것이 하나님의 인도하심이라는 생각이 들어서 온 가족이 한 마음으로 그 대학에 등록을 하기로 결정했다고 합니다. 하나님께서는 차 집사님 가정의 모든 일이 합력하여 선을 이루게 하셨습니다. 이 일로 인하여 차 집사님의 믿음은 더욱 견고해 질 수 있었습니다.

평소에 이런 사실을 확신하며 살 수 있다면, 힘들 때에도 낙심하지 않고 감사하는 마음으로 기다릴 수 있을 것입니다. 주께서 반드시 귀한 선물로 우리의 삶을 채우실 것이기 때문입니다.
우리가 알지 못하는 사이에 주님이 우리를 위해 가장 좋은 것들을 예비하고 계시다는 사실을 잊지 맙시다.

7
역전할 힘을 주신다

"하늘을 향한 감사의 생각은 그 자체가 기도이다."
- G. E. 스펄전 -

여호사밧 왕 때에 암몬과 모압의 연합군이 유다를 치러 올라왔습니다. 그들과 맞서 싸워야 했던 유다 백성들은 두려움에 사로잡혔습니다. 그때 야하시엘이란 레위 사람에게 하나님의 말씀이 임했습니다. 그는 여호사밧 왕에게 "두려워하지 말라 전쟁은 여호와께 속한 것이라"는 소망적인 말씀으로 용기를 북돋아 주었습니다. 그리고 유다 사람들이 적들에 맞서 싸우러 나가면 반드시 "여호와께서 함께 하여 주실 것"이라고도 말해 주었습니다.

유다 사람들은 선지자의 말을 신뢰하고 전쟁에 나갔습니다. 그런데 전투가 시작되기 전에 그들은 서로 의논한 후 매우 독특한 일을 합니다. 즉 노래하는 자들을 택하여 거룩한 예복을 입히고 감사 찬송을 부르며 군대 앞에서 행진하도록 한 것입니다.

"군대 앞에서 행진하며 여호와께 찬송하며 이르기를 여호와께 감사하세 그의 인자하심이 영원하도다 하게 하였더니……"(대하 20:21)

수많은 대적들 앞에서 부를 노래는 참전 군인들을 흥분시키고 용기를 갖게 해 주는 강력한 군가여야 마땅합니다. 하지만 이들이 불렀던 노래는 그런 것이 아니었습니다. 이들은 감사의 노래를 불렀습니다. 이것이 신비입니다. 이들은 전쟁이 시작도 되기 전에 먼저 감사를 드린 것입니다. 그들이 먼저 감사를 드렸다는 것은 믿음으로 이미 승리를 얻었다고 확신했다는 말이 됩니다. 여호사밧 왕과 그 백성들은 약속의 말씀을 그대로 믿었던 것입니다. 그리고 그 결과가 어찌되었을까요?

"그 노래와 찬송이 시작될 때에 여호와께서 복병을 두어 유다를 치러온 암몬 자손과 모압과 세일산 주민들을 치게 하시므로 그들이 패하였으니 곧 암몬과 모압 자손이 일어나 세일 산 주민들을 쳐서 진멸하고 세일 주민들을 멸한 후에는 그들이 서로 쳐 죽였더라"(대하 20:22-23)

약속의 말씀을 그대로 믿고 전쟁이 시작도 되기 전에 먼저 드린 감사는 역전의 기적을 가져왔습니다.

조정민 목사는 〈인생은 선물이다〉라는 책에서 "감사는 감사할 일을 부르고, 불평은 불평할 일을 부릅니다"라고 했습니다.

참으로 합당한 지적입니다. 감사는 감사할 일들을 더욱 많이 가져다줍니다. 그러므로 역전의 기적을 원한다면 상황이 어려울 때 도리어 감사해야 합니다. 그때 어렵고 힘든 상황이 변하고 감사할 일들이 찾아올 것입니다.

시카고 대화재 때, 무디 선생이 목회하던 교회가 불에 타는 안타까운 일이 있었습니다. 현장을 찾아온 기자 하나가 그 와중에 "선생님, 몽땅 다 타버렸네요. 이제 어떻게 하시겠어요?"라고 물었답니다. 그때 무디 선생은 "아니오. 내 속에 있는 하나님은 타지 않으셨습니다. 우리는 오래전부터 아름답고 큰 교회를 지어 하나님께 봉헌하고자 하는 꿈이 있었습니다.

나는 하나님께서 이 화재를 통해 우리의 꿈을 이루어주심을 느낄 수 있습니다"라는 대답을 했답니다(국민일보/박승훈 목사)

정말 그의 바람대로 되었을까요? 화재 이후에 무디 선생은 영국에 건너가 큰 부흥운동을 일으켰습니다. 놀랍게도 그에게 은혜를 받은 영국인들이 불타버린 시카고 교회 재건축을 위해 많은 헌금을 해 주었습니다. 결국 그것으로 무디 선생의 말처럼 이전보다 훨씬 크고 아름다운 교회가 지어질 수 있었습니다.

힘들고 어려운 순간에도 감사의 마음을 잃어버리지 않고 불평하지 않고 하나님을 의지했던 무디 선생의 믿음을 통해 수많은 사람들의 마음속에 하나님의 능력이 알려지는 역전의 기적이 일어난 것입니다.

하나님은 능히 당신도 역전의 주인공이 되게 하실 수 있으십니다. 끝까지 믿음을 잃지 말고 감사하는 가운데 역전의 주인공이 되시기 바랍니다.

8
고난 조차도 감사의 내용이 되게 하신다

"가진 바 때문이 아니라 되어진 바로 인해 감사한다."
- 헬렌 캘러 -

기독교 상담학자 중의 한 사람인 폴 투르니에(Paul Trurnier)는 "자신의 과거가 인생의 큰 불행이라고 생각했는데, 돌이켜보니 그것이 큰 행운이었다"라는 말을 한 적이 있습니다.

고난의 삶이 도리어 축복의 통로가 되었다는 것입니다. 그는 어린 시절에 고아가 되어 삼촌집에서 자랐다고 합니다. 생후 2개월 만에 목사였던 아버지가, 그리고 6세가 되던 해에는 어머니마저 세상을 떠난 것입니다. 사는 게 너무 힘이 들어 자폐증에 걸리기도 했을 정도로, 그는 고독한 어린 시절을 보냈습니다. 그는 말도 별로 없었고, 누구 앞에서도 마음 열기를 거절하던 사람이었다고 합니다. 그런 그에게 하나님의 은혜가 임했고, 그는 새롭게 변했습니다. 그는 이런 자신의 경험을 바탕으로 인간 의학이라는 것을 발전시켰다고 합니다. 인간 의학은 자신과 같이 불행한 처지에서 자란 사람들을 돕기 위해 그가 개발한 정신치료의학이었습니다. 결국 그의 불행은 수많은 사람들에게 유익을 주는 축복의 선물이 되었습니다.

헨리 벤 다이크는 "늘 하늘에 햇빛만 가득하다면"이란 시에서 우리 삶에 햇빛만 비추고, 좋은 음악 소리만 들리고, 웃을 일만 일어나도, 늘 행복한 것은 아니라고 했습니다. 우리는 비가 오지 않고 햇빛만 비칠 때, 얼마나 큰 문제가 세상에 일어나는지 잘 알고 있습니다. 2015년에 연초부터 발생한 극심한 가뭄으로 여러 지역 주민들이 큰 고통을 당한 적이 있었습니다. 특히 강원도와 충청도 내륙에서는 물 부족으로 인해 많은 어려움과 피해를 입었습니다. 그 소식을 들었을 때, 마음 한 편으로 회개한 적이 있습니다. 비가 와서 교회 행사 망칠까봐 비 오지 않기를 간구했던 나의 이기적인 모습이 깨달아졌기 때문입니다. 지금은 적당히 내리는 비가 얼마나 감사하게 여겨지는지 모릅니다.

좋은 음악이라도 늘 듣는다면 지겨울 것입니다.
주위를 자세히 살펴보십시오. 많은 사람들이 불평할 일이 전혀 없을 것 같은 삶을 살면서도 "나는 조금도 행복하지 않다"고 말하는 것을 쉽게 찾아보실 수 있을 것입니다. 헨리 벤 다이크의 말처럼 인생이란 어쩌면 "깊은 절망과 슬픔 속에서"야 비로소 진정한 행복을 맛볼 수 있는 존재일지도 모릅니다.

>사업에 실패하거나 직장을 사직했을 때
>격려하는 아내와 자녀들의 모습에서
>따뜻한 가정의 행복을 느낍니다.
>시험에 낙방하고 극한 좌절을 경험했기에
>다시 도전하여 얻는 합격의 기쁨과 행복이
>쉽게 시험에 붙었을 때보다 훨씬 큽니다.
>병으로 아파 본 경험이 있을 때
>건강해서 몸을 움직일 수 있는 것만으로도
>감사할 수 있습니다.

이런 생각을 하면 우리가 세상에서 겪는 모든 일들은 다 하나님의 은혜요, 축복임을 알 수 있습니다. 인생길에는 때로 구름 낀 날이나, 외로이 침묵해야 하는 날, 그리고 슬픔과 좌절로 눈물 흘리는 날도 있어야 합니다. 그로 인해 인생 본래의 아름다움이 더 선명하게 드러나기 때문입니다. 주위를 살펴보십시오.

고난이 있지만 받은 은혜에 감사하고, 고난을 선물이라고 생각하며 자기 삶에 만족하는 이들을 쉽게 찾아 낼 수 있을 것입니다.

차인홍 박사도 그들 중의 한 사람입니다.

그는 한국 장애인 최초로 미국 음대의 교수가 되었습니다. 그는 두 살 때 소아마비를 앓고 재활원에서 어린 시절을 보내야 했지만, 하나님의 기적적인 은혜로 장애와 고통스러운 어린 시절을 이겨내고, 수많은 사람들을 위로하는 음악가가 되었습니다. 그는 〈휠체어는 나의 날개〉에서 "나는 '인생이 선물이라'는 말을 조금은 알 것 같습니다."라고 고백했습니다. 고난을 이기고 이런 고백을 할 수 있는 사람들은 정말 대단해 보입니다.

자신이 당한 고난이 삶에 도리어 큰 유익이 되었다는 사람들 중에는 일본에서 크게 추앙받는 경영인인 마스시타 고노스케 회장도 포함됩니다. 그는 신(神)이 자신에게 가난과 병약함 그리고 무학(無學)이라는 세 가지 고난을 주셨는데 그것들이 도리어 축복이 되었다고 증언합니다. 그는 자신이 가난했기에 부지런함을 배울 수 있었고, 병약했기에 건강의 중요성을 알았으며, 배우지 못했기에 항상 모든 사람들에게 배울 수 있었다고 합니다. 고노스케 회장처럼 세상을 바라본다면 우리가 당하는 고난은 모두 하나님이 우리에게 복 주시기 위해 내려 주신 축복의 과정으로 보일 것입니다. 그러니 고난도 감사의 이유가 될 뿐입니다.

고난도 필요한 것이기에 주께서 허락하신 것입니다.

그러므로 고난 중에도 감사해 봅시다.

그로 인해 우리는 삶의 위대한 역전을 경험하게 될 것입니다.

9
모든 것이 은혜다

"인류의 첫 번째 범죄는 감사의 결핍에서 비롯된 것이다."
- 쉐퍼 -

인생은 혼자 살 수 없습니다.
함께 살아야 합니다.
그래서 주님은 우리를
교회로 부르셨습니다.

서로
기도해 주고
보듬어 주고
격려해 주고
사랑하며 살라고……

인생을 '천상천하 유아독존'식으로 살 수는 없는 것입니다.

이 땅에 있는 모든 것들은 늘 무엇인가에 그 존재를 의지하게 되어 있습니다. 꽃 한 송이도 예쁘게 피어나서 아름다운 자태를 뽐내며 향기를 전하려면, 주위로부터 많은 도움을 받아야만 합니다. 먼저 땅이 그 꽃씨를 따뜻하게 품어 주어야 합니다. 그리고 적당양의 햇빛과 물 그리고 공기가 때를 따라 공급되어야 합니다. 벌과 나비가 꽃들 사이의 가교 역할을 해 주어야 하고, 사람들이 함부로 꺾지도 말아야 합니다. 그리고 바람이 그 향기를 멀리 날려 주어야 합니다.(김소엽 시인의 '꽃이 피기 위해서는' 참조.)

'우리'는 늘 주님을 의지해야 하는 존재들입니다.

주께서 우리를 붙잡아 주시고,
인도해 주시고,
승리케 하셨기에
오늘, 우리가 존재하는 것입니다.
우리가 잘 나거나 훌륭해서 된 일은
아무 것도 없습니다.

사도 바울은 "내가 나 된 것은 하나님의 은혜로 된 것이니 내게 주신 그의 은혜가 헛되지 아니하여 내가 모든 사도보다 더 많이 수고하였으나 내가 한 것이 아니요 오직 나와 함께 하신 하나님의 은혜로라"(고전 15:10)라고 했습니다.

인생을 올바르게 살려면 이런 깨달음이 있어야 합니다. 성경은 우리에게 "네게 있는 것 중에 받지 아니한 것이 무엇이뇨?"(고전 4:7)라고 묻습니다. 우리가 누리는 모든 것들은 다 하나님께서 주신 것들이란 말씀입니다.

존 파이퍼 목사가 〈하나님을 맛보는 묵상〉이란 책에 쓴 '비'에 관한 글을 읽으면서 많은 생각이 들었습니다.

그에 의하면, 농부가 농사를 지을 때에 물을 주려면 비가 와야 하는데, 사방 1.6미터의 논에 2.5센티미터 정도의 물을 공급하는 데만, 무려 8억 리터의 물이 필요하다고 합니다. 참으로 그 무게가 엄청나지 않습니까?

그런데 어떻게 그 많은 물이 하늘로 올라가 지상에 떨어지지 않고 그대로 머물러 있는 것일까요? 물이 증발하면 하늘로 올라갈 뿐 지상으로 내려오지는 않는다고 합니다. 그렇다면 비는 어떻게 내리는 것일까요? 응축이라는 과정을 통해 내린답니다. 즉 수증기가 0.00001-0.0001 정도의 먼지 주변에 모이면서 다시 물이 되어 땅으로 떨어진다는 것입니다. 그런데 이 모든 과정이 신비롭습니다.

바다에서 증발된 물의 경우에는 소금기가 제거되고 난 후에야 농토에 쓸 물이 됩니다. 그런데 물이 증발되어 하늘로 올라가는 사이에 그런 일이 일어나는 것입니다. 물이 비가 되어 땅에 떨어질 때도, 큰 덩어리 상태라면 농작물이 다 부서질 것입니다. 하지만 신비하게도 하늘은 그 많은 물을 작은 물방울로 만들어 부드럽게 뿌려줍니다. 떨어지는 물방울의 크기도 신비합니다. 그 물방울의 크기가 지상에 내려오는 도중 다 증발되어 버리지 않을 만큼은 커야 하고, 동시에 농작물을 망치지 않을 만큼은 작아야 하기 때문입니다. 물 입자들이 지상에 떨어지기 위해서는 병합이라는 과정을 거치는데, 그때 물 입자들이 부딪히고 합쳐져서 일정한 크기가 될 때 비로소 비가 지상에 떨어지는 것이라고 합니다. 그 입자들이 부딪힐 때도 전기장이 발생하지 않으면 일정한 크기로 합쳐지지 않는다고 하니, 이 모든 조건이 이루어져서 비가 내린다는 것이 얼마나 신비한 일입니까?

당연하게 보이는 일들에도 다 하나님의 은혜입니다.
그 은혜가 조금만 거두어진다 해도 우리는 아무 일도 할 수 없을 것입니다.

10
하나님이 우리를 구원하셨다

"오, 주님! 나의 이같이 추악한 죄악과 사악한 행위를 용서해 주셨습니다.
나는 이제 주님을 사랑하며 진심으로 주님께 감사드립니다."
- 성 어거스틴 -

부자와 나사로 비유는 우리에게 많은 것을 생각하게 합니다. 만일 세상에서 굉장한 삶을 누리다가 마지막 날에는 지옥 불에 던져진 부자와, 세상에서는 비록 보잘 것 없는 사람 취급을 당하고 조롱과 침 뱉음을 당했어도 마지막 날에 베드로의 품에 안긴 나사로 중에 원하는 사람이 될 수 있다면, 당신은 어느 편을 택하시겠습니까?

정말 그런 세계가 있다면, 우리는 아마 현실이 아무리 고달프고 힘들어도 나사로가 되고 싶지, 부자가 되고 싶진 않을 것입니다. 그것은 지극히 당연합니다. 누가 그 무서운 지옥의 형벌을 감당할 수 있겠습니까? 사실 나사로의 모습처럼 살지 못하는 이유는 예수님이 교훈하신 말씀을 믿지 못하기 때문입니다. 사람들은 천국이나 지옥에 대해 큰 확신을 가지고 있지 않기 때문에 의외로 쉽게 부자의 자리를 선택합니다.

그러므로 우리가 참으로 믿는 사람들이라면, 우리를 지옥 형벌 받을 자리에서 구원해 주셨다는 사실이 하나님께 감사하는 가장 큰 이유가 되는 것이 당연합니다. 하나님이 우리를 어떻게 구원해 주셨습니까? 지옥 형벌을 받을 자리에서 우리를 구하기 위해 자신의 독생자의 생명을 내놓으시는 큰 희생을 감수하셨습니다. 그러니 믿는 우리가 하나님께 감사가 없이 산다는 것은 말이 안 되는 것입니다.

"하나님이 세상을 이처럼 사랑하사 독생자를 주셨으니 이는 그를 믿는 자마다 멸망하지 않고 영생을 얻게 하려 하심이라"(요 3:16)

이 보다 더 큰 희생적 사랑이 어디 있겠습니까?
이 사랑을 알게 되면 저절로 찬양이 터져 나올 수밖에 없습니다. 그래서 우찌무라 간조가 '일일일생'에서 이런 말을 한 것입니다.
"감사하는 마음이 내 안에 흘러넘치면 길가에 핀 제비꽃만 보아도 감사가 나옵니다. 내 얼굴에 스치는 바람에도 감사가 나옵니다. 때로 아침 일찍 일어나 동쪽 하늘, 일출의 황금색을 볼 때 감사의 찬양이 절로 흘러나옵니다."

"주 날 구원했으니 어찌 잠잠하리. 기쁨의 찬송드리리.
주 내 죄사했으니 어찌 잠잠하리. 기쁨의 경배드리리.
주를 향한 나의 사랑 멈출 수 없네. 멈출 수 없네.
나 기쁨의 춤추리. 내 모든 슬픔 바꾸셨네.
나 기쁨의 춤추리. 내 모든 삶 주 안에 있네."(예수전도단. CCM)

사도 바울은 자신에게 베풀어 주신 하나님 사랑의 크고 견고함을 이렇게 진술했습니다.

"누가 우리를 그리스도의 사랑에서 끊으리요 환난이나 곤고나 핍박이나 기근이나 적신이나 위험이나 칼이랴…. 그러나 이 모든 일에 우리를 사랑하시는 이로 말미암아 우리가 넉넉히 이기느니라 내가 확신하노니 사망이나 생명이나 천사들이나 권세자들이나 현재 일이나 장래 일이나 능력이나 높음이나 깊음이나 다른 어떤 피조물이라도 우리를 우리 주 그리스도 예수 안에 있는 하나님의 사랑에서 끊을 수 없으리라!"(롬 8:35)

중국의 허드슨 테일러 선교사는 자신이 구원받았다는 사실을 알게 된 후에 느낀 감격을 이렇게 표현했습니다.
"나는 갑자기 나의 구원에 대해서 내가 할 일이 아무것도 없다는 것을 깨달았다. 이 사실을 그냥 받아들이되 내가 할 일은 찬양뿐임을 알았다. 나의 신앙생활은 그렇게 시작되었다."
아무 공로도 없는 자신에게 전적인 은혜로 하나님이 구원의 복을 허락하셨다는 사실을 알게 된 테일러 선교사는 그 순간 자신이 할 수 있는 일이 찬양할 것뿐임을 금방 간파했던 것입니다.

빌립 E.하워드는 "시련이 아무리 크다 할지라도, 구원받은 모든 죄인들은 감사할 이유를 언제나 발견할 수 있다."고 했습니다. 그렇습니다. 도대체 그토록 엄청난 구원을 받은 우리들이 감사하지 못할 이유가 어디 있겠습니까?

"범사에 감사하라 이는 그리스도 예수 안에서 너희를 향하신 하나님의 뜻이니라"(데살로니가전서 5:18)

11
앞서가며 인도하신다

"아침에 눈을 떠서 가장 먼저 해야 할 일은
무사히 아침을 맞은 것을 감사하는 것이다."
- 프랑스 격언 -

남대문 교회 성도들 사이에는 권윤국이라는 그 교회 장로님과 관련된 매우 은혜로운 일화가 전해져 내려오고 있습니다.

권 장로님은 1949년에 남대문 교회에서 장로 임직을 받았다고 합니다. 권 장로님은 아주 겸손하게 하나님을 잘 섬겨서 교인들로부터 크게 존경을 받았습니다. 그가 장로가 된 후 어느 날의 일입니다. 교회에서 기도를 하는 데 자기 안에 하나님의 음성이 들리더랍니다.

"권 장로. 너 남에게 빌려준 돈을 탕감해 주어라."

이분은 당시 우리나라에서 알아줄 정도의 부자였다고 합니다. 그래서 남에게 빌려 준 돈이 제법 되었던 모양입니다. 그런데 그렇게 빌려 준 돈을 모두 탕감을 해 주라 하니 놀라지 않을 수 없었습니다. 하지만 계속 기도를 해 봐도 그 음성이 마음에서 떠나지를 않더랍니다.

그래서 이분이 3월 15일에 편지를 써서 자기에게 빚을 낸 사람들은 4월 1일에 자기 집 마당에 모이라고 초대를 했습니다. 그날 권 장로님 댁의 마당에는 50여명의 빚진 사람들이 모였습니다. 권 장로는 빚 문서를 들고 그들에게 이렇게 말해 주었다고 합니다.

"여러분이 나에게 빚진 것은 오늘 다 탕감해 드리겠습니다."

그는 성냥불로 자기 앞에 있는 모든 빚 문서들을 불태워버렸고, 그들을 위해 간절히 기도까지 해 주었습니다. 빚을 졌던 사람들은 모두 이게 꿈인가 생신가 하며 통곡하고 눈물을 흘리면서 감사를 표했고, 크게 기뻐하며 돌아갔습니다.

그런데 그로부터 얼마 지나지 않아 6·25 사변이 터졌습니다. 북한 공산당이 서울에 진주해 들어오면서 피난을 가지 못한 남한의 중요 인사들이 많이 붙잡혔습니다. 공무원들은 물론 돈 있는 부자들도 모두 붙잡혔는데, 권윤국 장로님도 그 중의 한 사람이었습니다.

북으로 끌려가거나 사형을 당할 수도 있는 급박한 위기 상황인 바로 그때, 권 장로님에게 은혜를 입었던 사람들이 움직이기 시작했습니다. 그들은 진정서를 만들어 권 장로님의 구명을 위해 백방으로 노력을 했습니다. 결국 권 장로님은 무사히 감옥에서 풀려나 목숨을 건질 수 있었다고 합니다. 당시 수많은 사람들이 북으로 끌려가 비참하게 최후를 마친 것을 생각하면 권 장로님이 당시 얼마나 가슴을 쓸어내리며 안도했을는지 짐작이 갈 것입니다.

권 장로님은 기도 중에 마음에 임한 감동을 신실하게 이행함으로 목숨을 부지할 수 있었던 것입니다. 그는 이 일이 기억 날 때 마다 하나님의 은혜에 감사했고, 늘 하나님께서 자기를 살리시기 위해 미리 어려운 이웃들에게 긍휼을 베풀도록 하셨다는 사실을 간증했다고 합니다.

이 일화를 확인하기 위해 남대문 교회에 전화를 해보았지만 사실 여부를 확인할 수 없어 아쉬움이 남기는 합니다.

하지만 분명히 변하지 않는 사실이 있습니다. 그것은 하나님이 자기 백성의 삶을 앞서가며 인도하신다는 것입니다.

다윗은 "여호와는 나의 목자시니 내가 부족함이 없으리로다"(시 1:1)라고 고백했습니다. **하나님이 인도하여 주신다는 사실을 확신할 때 신자의 마음에는 두려움이 없습니다.**

아들을 바쳐야 했던 아브라함을 위해 미리 숫양을 준비하여 주시는 여호와 이레의 하나님은 오늘도 변함없이 우리의 길을 앞서가시며 인도하신다는 사실을 잊지 마십시오. 그리고 그것을 깨달았다면, 늘 하나님을 향한 감사를 잊지 않는 성도가 되십시오. 그것이 참된 신앙의 길입니다.

2부

감사의 방법

1. 찬양과 연주, 시와 춤

우리는 부모님의 생신이나 기념일 등에 부모님께 감사를 드리기 위해 특별순서를 계획할 때가 있습니다. 그럴 때에 빠지지 않는 것이 바로 노래와 춤입니다. 우리가 교회의 예배나 모임 중에 찬양과 율동을 하는 것도 하나님께 감사를 드리는 한 방법입니다. 지극히 높으신 하나님 앞에 우리의 감사가 찬양과 율동과 모든 악기 연주를 통해 드려지고 있다는 거룩한 마음을 품고 온전히 예배에 임한다면 그곳이 지상천국이 될 것입니다.

성경은 찬송이 하나님을 향한 감사의 표현임을 분명히 보여줍니다. 느헤미야 12장 38절에는 "감사 찬송하는 다른 무리는 왼쪽으로 행진하는데"라고 했습니다. 찬송 자체가 감사라는 말씀입니다. 성경에는 감사와 찬송이 함께 언급된 곳들이 많습니다.

"여호와여 내가 만민 중에서 주께 감사하고, 뭇 나라 중에서 주를 찬양하오리니"(시편 108:3)

"내가 전심으로 주께 감사하며 신들 앞에서 주께 찬송하리이다"(시 138:1)

"내가 여호와의 의를 따라 감사함이여, 지극히 높으신 여호와의 이름을 찬양하리로다"(시 7:17)

각종 악기를 연주하는 것 역시 하나님께 감사하는 방법 가운데 하나였습니다. 하나님께서는 성도들의 이런 행위들을 기뻐하셔서 그들 중에 임재하셨습니다.

"수금으로 여호와께 감사하고 열 줄 비파로 찬송할지어다"(시 33:2)

"나팔 부는 자와 노래하는 자들이 일제히 소리를 내어 여호와를 찬송하며 감사하는데 나팔 불고 제금 치고 모든 악기를 울리며 소리를 높여 여호와를 찬송하여 이르되 선하시도다 그의 자비하심이 영원히 있도다 하매 그 때에 여호와의 전에 구름이 가득한지라"(대하 5:13)

하나님께 감사하는 방법에는 또한 시를 지어 드리고, 그 앞에서 춤을 추는 행위도 포함이 됩니다.

"우리가 감사함으로 그 앞에 나아가며 시를 지어 즐거이 그를 노래하자"(시 95:2)

"소고 치며 춤추어 찬양하며"(시 150:4)

다윗은 여호와의 궤가 다윗 성으로 들어올 때에 힘을 다하여 춤을 추었습니다.

"다윗이 여호와 앞에서 힘을 다하여 춤을 추는 데 그 때에 다윗이 베 에봇을 입었더라"(삼하 6:14)

다윗의 행위는 하나님께 드리는 진실한 감사와 기쁨의 표현이었습니다.

하나님께 감사하는 성도들은 어떤 상황에서도 찬송할 수 있었습니다. 바울과 실라는 매를 맞고, 옥에 갇힌 상황에서도, 밤중에 일어나 기도하고 찬양했습니다. 그들이 주께 받은 은혜를 얼마나 크게 여기고 감사했는지를 잘 보여 줍니다. 힘들 때 찬송해 보십시오. 그로 인해 주님을 향한 우리의 감사는 더욱 잘 표현될 것입니다.

2. 예물을 드림

"여호와의 이름에 합당한 영광을 그에게 돌릴지어다. 예물을 가지고 그 궁정에 들어갈지어다. 아름답고 거룩한 것으로 여호와께 경배할지어다 온 땅이여 그 앞에서 떨지어다"(시 96:8-9)

감사의 방법 중에는 예물을 드리는 것도 포함이 됩니다. 하나님이 살아 계시고, 우리에게 복 주시는 분이심을 믿는다면, 그 앞에 감사 예물을 드리는 것이 어렵거나 힘들지 않을 것입니다.

율법적으로 드려지는 헌금은 참 감사를 표현하는 것이라고 하기가 어렵습니다. 율법으로 정해져 있으니 원치는 않지만 십일조와 헌물을 드린다고 한다면 그것을 받으시는 하나님께 참 기쁨을 드릴 수 없을 것입니다. 오직 하나님의 베풀어 주신 은혜에 대한 속 깊은 감사를 담아 헌금이 드려질 때 향기로운 제물이 됩니다.

교회 교육관을 장만하는 과정에서 여러 성도들이 주를 사랑하는 마음으로 많은 것들을 헌신하는 모습을 보았습니다. 어떤 집사님은 오랜 기간 보관하려고 바꾸어 둔 "금"을 헌물하기도 했습니다. 물질의 크기를 떠나서 교회를 사랑하여 자신이 그토록 소중하게 여기는 것들을 아낌없이 내 놓는 모습에서 성도들이 정말로 주님을 깊이 사랑한다는 생각을 하지 않을 수 없었습니다. 이처럼 주님을 향한 사랑은 물질을 드림으로 표현이 될 수 있는 것입니다.

　대학에 입학해서 고등학생에게 영어 과외를 해준 적이 있었습니다. 소위 입주 과외라는 것을 한 것입니다. 한 달이 지나 처음으로 과외비를 받았는데 봉투를 열어보니 8만원이 들어 있었습니다. 돈을 받아 너무 기뻤던 나는 그 돈을 모두 부모님께 드렸습니다. 감사하는 마음이 있었기 때문에 조금도 아깝지 않았습니다.

　하나님 앞에 십일조나 헌물을 드릴 때도 한 번도 아깝다는 생각을 해 보지 않았습니다. 받은 은혜가 너무 크고 많기 때문입니다. 물질을 드리는 것은 감사의 한 표현에 불과합니다. 감사한 마음이 없이 물질을 드리려면 마음이 편할 리가 없습니다. 그러나 정말 하나님의 은혜에 감사하는 마음이 있으면 물질을 드리는 것은 그다지 어려운 일이 아닙니다.

　그래서 나는 교회에서 헌금에 대해 자주 설교하지 않습니다. 그것이 부담만 준다는 사실을 잘 알기 때문입니다. 그러나 하나님의 은혜를 진실로 아는 자들이 물질을 드려 감사하는 것은 지극히 당연한 일입니다. 그것은 기쁜 일이고 특권입니다. 나를 사랑하셔서 가장 놀라운 은혜를 베풀어 주신 주님을 향해 나도 최선의 사랑을 드리는 일이기 때문입니다.

우리가 가장 좋아하는 것이 무엇인지는 우리 물질이 어디에 가장 많이 사용되는지를 확인해 보면 금방 알 수 있다고 합니다. 그렇다면 우리가 하나님께 드리는 물질은 바로 우리가 하나님을 얼마나 좋아하는지를 표현하는 것이라고 말할 수 있지 않겠습니까?
우리는 하나님이 우리의 삶에서 최고의 사랑을 받으시도록 해야 합니다. 그것이 신자가 할 수 있는 가장 아름다운 일일 것입니다. 그렇게 되도록 하기 위해 우리는 기쁨으로 예물을 드리며 하나님께 감사하는 사람들이 되어야 합니다.

"네 보물 있는 그 곳에는 네 마음도 있느니라"(마 6:21)

3. 사명에 충성함

"나를 능하게 하신 그리스도 예수 우리 주께 내가 감사함은 나를 충성되이 여겨 내게 직분을 맡기심이니"(딤전 1:12)

바울은 자신이 맡은 직분을 소중하게 여겼습니다.
"나의 달려갈 길과 주 예수께 받은 사명 곧 하나님의 은혜의 복음 증거

하는 일을 마치려 함에는 나의 생명을 조금도 귀한 것으로 여기지 아니하노라"(행 20:24)

바울은 죄인인 자신을 향해 베풀어 주신 주님의 은혜에 크게 감동했습니다. 주님의 귀한 은혜를 깨달아 알자 그는 가장 충성스런 사도들 가운데 한 사람이 되었습니다. 그는 생명을 아끼지 않고 주님의 일에 매진했습니다.

은혜를 알게 된 사람들은 바울처럼 주를 위해 일할 수 있는 기회를 주신 것만으로도 감사합니다. 제자들은 은혜를 알고 난 후에 자신들이 "주님의 이름을 위하여 능욕 받는 일에 합당한 자로 여기심을 받는 것"(행 5:41)조차도 기뻐했습니다. 그들은 주님의 이름으로 핍박을 받는 것조차도 영광스럽고 감사하다고 생각했던 것입니다. 주의 은혜에 감사하는 마음을 갖게 된 사람들은 누구나 이들처럼 충성스러운 사명자가 되었습니다. 우리도 하나님께서 우리에게 주신 사명에 일평생 충성하기를 힘써야 합니다. 사명을 잘 감당하는 것은 자신이 얼마나 주님께 감사하는 사람인가를 드러내는 척도입니다.

가끔 마음에 '은퇴를 한 후에도 충성된 일꾼으로 살아갈 수 있을 것인가?'라는 생각이 일어날 때가 있습니다. '은퇴 후에도 주를 위해 맡은 사명을 감당하려면 지금부터 구체적인 계획을 세워야 하지 않을까? 자칫 사명을 떠나 헛된 세상일에 매여 살다가 부끄러운 모습으로 주님을 보게 되는 것은 아닐까?'라는 생각이 들면 조금 두렵기도 합니다.

충성스러운 종들은 주님 앞에 설 때까지 주께서 맡겨 주신 복음을 위해 살아갈 것입니다. 마음속에 항상 '나도 인생 노년에 바울처럼 고백할 수 있는 사명자가 되었으면 좋겠다.'는 소망을 품고 삽니다.

"나는 선한 싸움을 싸우고 나의 달려갈 길을 마치고 믿음을 지켰으니 이제 후로는 나를 위하여 의의 면류관이 예비 되었으므로 주 곧 의로우신 재판장이 그 날에 내게 주실 것이며 내게만 아니라 주의 나타나심을 사모하는 모든 자에게도니라"(딤후 4:7-8)

감사하는 마음으로 충성스럽게 가정을, 이웃을, 교회를, 나라를 섬기는 사람을 하나님은 기뻐하십니다. 그런 사람들을 통해 하나님은 영광을 받으십니다.

참으로 하나님께 감사를 드리고 싶으십니까? 지금 당신이 맡은 사명을 충성스럽게 감당하셔야 합니다.

"하나님 제가 정말 잘하고 있는 것 맞죠? 제가 이렇게 열심히 일하는 이유를 아시죠? 저는 하나님께 너무 감사해서 최선을 다해 이 일 하고 있는 겁니다."

이런 자세로 일하는 사람을 보시며 기뻐하시는 하나님의 모습이 눈에 환하지 않습니까?

4. 늘 하나님을 자랑함

가끔 "세상에서 가장 존경하는 사람이 누구냐?"하는 질문을 받은 아이들이 "부모님"이라고 대답하는 모습을 볼 수 있습니다. 이렇게 말하는 자기 자녀의 모습을 본 부모는 '내 자식이 정말 부모 고마운 줄을 아는구나!'라고 생각할 것입니다. 즉 자식이 자기 부모님을 사람들 앞에서 자랑스럽게 만드는 행위가 감사의 한 방법이란 말씀입니다.

우리가 하나님께 감사드리는 방법 중에도 어디서나 하나님을 자랑하는 것을 포함시킬 수 있을 것입니다. 우리가 살아가면서 어디서 누구를 만나든지 하나님을 높이고 자랑할 때 하나님은 정말 기뻐하십니다. 우리에게서 감사하는 마음을 발견하실 수 있기 때문입니다. 아마 시편 기자들이 하나님을 높이며 자랑하는 시를 많이 쓴 이유도 거기 있을 것입니다.

"우리가 종일 하나님으로 자랑하였나이다. 우리가 하나님의 이름을 영영히 감사하리이다"(시 44:8)

"그 성호를 자랑하라 무릇 여호와를 구하는 자는 마음이 즐거울지로다"(시 105:3)

"여호와는 광대하시니 극진히 찬양할 것이요 모든 신보다 경외할 것임이여"(시 96:4)

"내가 전심으로 주께 감사하며 신들 앞에서 주께 찬양하리이다"(시 138:1)

직장과 가정, 학교와 모든 활동의 무대에서 우리는 하나님 자랑하기를 힘써야 합니다. 가끔 큰 상을 받는 사람들이 소감을 말하면서 "하나님의 은혜에 감사드립니다. 나를 도우신 하나님께 영광을 올려드립니다."라고 할 때 뭉클한 감동을 받곤 합니다. 그들의 모습을 보면서 "내 자녀들에게도 저런 기회가 온다면 꼭 저들처럼 말하라고 가르쳐 주어야겠다."는 생각을 해 보기도 합니다.

하지만 꼭 그런 크고 화려한 자리가 아니라도 우리는 일상생활 속에서 자연스럽게 하나님을 자랑하기를 힘써야 합니다. 그런데 어떻게 하나님을 자랑할 수 있을까요? 사실 그 방법은 매우 간단합니다. 복음을 전하는 것입니다. 하나님께서 예수 그리스도를 통하여 우리에게 베풀어 주신 사랑과 은혜에 대하여 담대하게 그리고 자랑스럽게 말해 주는 것이야말로, 하나님께 최고의 감사를 드리는 행위가 되는 것입니다.

바울은 복음을 부끄러워하지 아니한다고 고백했습니다. 당당한 자세로 복음을 전했다는 말입니다. 그는 그 복음이 가져 온 구원의 능력을 알았기에 감사하는 마음으로 누구 앞에서도 용기를 가지고 확신 있게 복음을 전했던 것입니다.

그의 당당함은 아그립바 왕 앞에서 보여 준 모습에서 절정을 이룹니다. 바울은 자신이 결박된 것 외에는 왕이나 그 주위의 모든 사람들이 다 자기 같이 되기를 원한다고 말해 주었습니다.(행 26:29) 그는 자신이 복음의 일꾼이 된 것을 영광스럽게 여겼습니다. 자신이 하나님의 일꾼이 된 것은 하나님의 은혜의 선물을 받은 것(엡 3:7)이라고 말했습니다. 하나님은 이렇게 감사하는 마음으로 일하는 자들을 기뻐하십니다.

감사는 반드시 밖으로 표현이 되어야 합니다.

그렇게 하지 않는다면 참 감사가 아닙니다. 우리는 하나님 자랑하는 말을 자주 해야 합니다. 그래야 참으로 감사하는 마음이 드러납니다. 입을 열어 하나님을 자랑하며 감사의 말을 할 때, 거기에 생명력 넘치는 삶이 이루어집니다. 왜냐하면 하나님은 우리의 말을 들으시고 반응하시는 분이시기 때문입니다.

이스라엘 백성들은 홍해가 갈라지고 애굽의 군대가 수장되는 엄청난 이사와 기적을 경험했습니다. 그들은 기쁘고 즐겁게 구원의 감격을 누렸습니다. 하지만 그것은 잠시뿐 이들은 다시 거대한 가나안 대적들로 인해 주눅이 들었고 자신감을 잃었습니다. 그들의 입에서는 하나님을 향한 불평과 원망이 쏟아졌습니다. 이 때 하나님께서 이스라엘 백성들에게 해 주신 말씀은 충격적입니다.

"너희 말이 내 귀에 들린 대로 내가 너희에게 행하리니"(민 14:28)

우리는 늘 하나님을 자랑하고 높이는 말을 해야 합니다. 그것이 하나님을 기쁘시게 합니다.

입술이 열려질 때마다 하나님이 행하신 위대하신 일들을 선포하십시오.

그분이 행하신 놀라운 구원을 증거하십시오.

이렇게 살아가는 자들에게 하나님은 반드시 큰 은혜를 베풀어 주실 것입니다.

5. 정성을 다한 예배

아이젠하워 전 미국대통령이 2차 세계대전 때에는 연합군을 지휘한 최고 사령관이었습니다. 그는 노르망디 상륙작전을 기도로 준비했고, 하나님을 의지하는 마음으로 진행시켰다고 합니다. 상륙작전이 개시되기 전에 그가 한 연설의 마지막 부분은 이랬습니다.

"이 위대하고 고귀한 임무를 수행함에 있어서 전지전능한 하나님의 축복이 우리와 함께 하기를 간구하는 바이다."

독일군은 노르망디 지역의 악천후만 믿고 경계를 소홀히 한 결과 연합군에게 패하고 말았습니다. 총사령관 아이젠하워는 노르망디 상륙작전에서 성공한 직후에 이런 메모를 부하장교에게 보냈습니다.

"고맙소. 그리고 우리와 함께 하신 여호와께 감사드립니다."

나중에 언론과의 인터뷰에서는 이런 말도 했습니다.

"작전 개시 이후 24시간 내에 벌어진 사건들은 내 인생에서 전능하고 자비하신 하나님의 존재를 증명해 주었습니다. 지독했던 날씨가 갑자기 개면서 대공습을 감행할 수 있었고, 피해는 저희가 예상했던 것 보다 훨씬 적었습니다."

이렇게 놀라우신 하나님의 은혜를 체험한 아이젠하워가 후에 미국의 대통령이 되었습니다. 대통령이 된 그는 미국에 하나님의 도우심이 절대적으로 필요하다는 사실을 알았기에 국가조찬기도회를 만들었습니다. 그것은 그 후대들에게도 좋은 전통이 되었습니다. 그리고 국가조찬기도회는 심지어 우리나라에도 소개되어 지금까지 이어지고 있습니다. 이처럼 하나님께 큰 은혜를 받아 감사할 것이 많은 사람은 누구나 정성으로 예배드리는 일을 좋아합니다.

아이젠하워는 대통령이 된 후 세계 정상들과의 만남이 있을 때에도 주일은 꼭 지켰다고 합니다. 한 번은 소련의 서기장인 후르시초프가 미국을 방문하여 정상회담을 한 적이 있었답니다. 그 때 아이젠하워 대통령은 후르시초프에게 전화를 걸어서 주일이니 교회에 함께 가자로 청했다고 합니다. 후르시초프가 거절하자 그는 교회에 다녀와서 회담을 하자고 하며 후르시초프를 한 시간 반이나 기다리게 한 일이 있었다고 합니다.(이채윤의 〈주일성수와 기도의 대통령 아이젠하워〉 중에서)

오늘날 많은 예배들이 주로 무엇을 달라는 기원을 중심으로 드려집니다. "좋은 학교와 좋은 직장과 좋은 사업과 좋은 배우자와 좋은 환경과 좋은 미래 등등을 주시옵소서."라고 구하는 것이 예배의 중심이 되는 일들이 많다는 말씀입니다. 하지만 사실 예배는 삼위 하나님의 은혜와 통치에 대한 감사를 드리는 것이 언제나 우선입니다.

문희곤 목사는 예배의 중심 내용은 "주시옵소서."가 아니라 "찬양합니다. 감사합니다. 사랑합니다. 영광을 받으시옵소서."가 되어야 한다고 했습니다. 물론 그 결과로 인해 우리에게 위로와 격려와 놀라운 복도 임하는 것이 사실이지만 그것이 목적이 아니라는 것입니다.

정성을 다해 삼위 하나님을 예배하는 것은 최고의 감사를 표현하는 한 방법입니다. 오늘 우리가 드리는 예배에는 과연 이런 감사가 담겨 있습니까?

6. 선한 일

부모에게 감사하는 자녀들은 부모를 영광스럽게 합니다. 마찬가지로 성경은 우리에게 "이같이 너희 빛을 사람 앞에 비취게 하여 저희로 너희 착한 행실을 보고 하늘에 계신 너희 아버지께 영광을 돌리게 하라"(마 5:16)고 교훈합니다. 그러므로 신자에게 착한 행실은 하나님께 감사할 수 있는 하나의 통로가 됩니다.

이 사실을 더 분명하게 드러내 주는 말씀은 "너희가 여기 내 형제

중에 지극히 작은 자 하나에게 한 것이 곧 내게 한 것이니라"(마 25:40)라는 것입니다. 여기서 작은 자는 나그네 된 사람, 헐벗은 사람, 병든 사람, 옥에 갇힌 사람들처럼 세상에서 소외되거나 고통을 당하는 사람들을 의미하는 단어입니다. 주님은 이런 사람들이 "주릴 때에 먹을 것을 주고, 목마를 때에 마시게 하며, 나그네 되었을 때에 영접하여 주고, 헐벗었을 때에는 옷을 입혀주며, 병들었을 때에 돌봐 주고, 옥에 갇혔을 때에 찾아와서 살펴 주는"(마 25:35-36) 일을 하는 것이 바로 주께 하는 일이라고 말씀하신 것입니다.

그러므로 신자는 항상 선한 일을 행하기를 힘써야 합니다.
그것이 곧 주님께 감사드리는 것이기 때문입니다.

마더 테레사는 이런 일을 잘 감당한 사람이었습니다.
그녀는 인도 캘커타의 나환자들과 모든 가난하고 불쌍한 사람들을 위하여 자신의 삶을 드렸습니다. 그녀는 "나는 버려진 아이의 애처로운 울음소리가 들려올 때마다, 아기 예수님의 울음소리를 듣는 것 같습니다. 그러니 어떻게 그 울음소리를 외면할 수 있겠습니까?"라며 그 어려운 사람들을 돌보았습니다.(《소박한 기적》 중에서) 그녀의 말을 통해 우리는 그녀가 주님께 감사하는 마음에서 그 어려운 사람들을 돌보았다는 사실을 알 수 있습니다. 그녀에게 그 어려운 사람들이 그토록 불쌍하게 여겨졌던 이유는 그들의 눈물 속에서 예수님의 눈물을 보았기 때문이라고 고백했기 때문입니다.

우리는 신자가 선을 행하는 것이 주님을 향한 참된 사랑과 감사를 드러내는 일임을 알아야 합니다. 우리는 선을 행하며 살았던 신앙의 선배들을 본 받아야 합니다.

손양원 목사님처럼 되기를 힘써야 합니다. 나병환자들의 고름을 친히 입으로 빨아내기까지 사랑을 베풀었고, 자신의 두 아들을 죽인 범인을 용서하고 양아들로 삼기까지 사랑을 실천한 위대한 삶의 모범들을 우리가 다시 뒤따라야 합니다. 그것이 바로 주께 참된 감사를 드리는 길인 것입니다.

답십리의 달동네에서 부모님이 목회를 시작하셨습니다.

집에 있던 작은 상에 흰 종이를 덮으니 그것이 강대상이 되었습니다. 아버지가 상 앞에 앉으셔서 설교를 시작하니 그곳이 바로 교회였습니다. 그런데 교인은 우리 가족들과 여 집사님 한 분 뿐이니 살림이 어려울 수밖에 없었습니다. 때로는 쌀이 떨어지기도 했습니다.

그런데 놀라운 일이 벌어졌습니다. 쌀독에 아무도 모르는 사이에 쌀이 채워진 것입니다. 주위의 교인들 중에 우리 집안 사정을 아는 분들이 조용히 그런 일을 행한 것이었습니다. 어려웠던 시절 그분들이 보여준 사랑이 참으로 감동이 되었습니다. 우리는 그 귀한 일로 인해 하나님께 더욱 큰 감사를 드릴 수 있었습니다. 그분들이 행한 일은 하나님을 영화롭게 한 일들이었습니다.

3부

위대한 감사의 사람들

1
눈 깜빡임조차도 감사하다

"감사할 줄 아는 사람이 반드시 운명으로부터
축복의 선물을 받은 사람은 아니다."
- 그레그 이스터부룩 -

미즈노 겐조씨는 초등학교 때 뇌성마비에 걸려 온 몸의 기능을 상실했다고 합니다. 그는 자리에 누워 지내는 처지가 되었습니다. 그의 신체에서 기능하는 것은 보고 듣는 것뿐이었습니다. 그가 세상과 소통할 수 있는 것은 오직 눈꺼풀뿐이었습니다. 그에게 남은 것이라곤 죽고 싶은 마음뿐이었습니다. 그러던 어느 날 그에게 복음이 전해졌고, 그는 새 사람이 되었습니다. 그가 변하자 그의 아버지와 어머니도 방황을 멈추었다고 합니다. 그는 불편한 몸을 가지고 자신의 삶에 일어난 변화를 시로 남겼는데, 그것이 〈감사는 밥이다〉라는 시집입니다.

그의 시 한 편 한 편을 읽으면서 크게 놀랐습니다.

그 비참한 환경에서 겐조씨는 어떻게 감사할 수 있는지 입을 다물 수가 없었습니다. 뇌성마비로 그의 몸은 어느 한 구석도 제대로 기능하지 못합니다. 그런데도 그는 말씀을 읽고 구원받을 수 있도록 자신의 눈과 귀를 사용할 수 있게 해 주셨다는 사실에 대해 하나님께 감사를 드립니다.(그의 시 '눈과 귀'에서)

주변의 소리가 들립니다. 그런데 자리에 누워 움직일 수 없는 그는 자기가 하고 싶은 말을 전혀 할 수가 없습니다. 그가 할 수 있는 일이라고는 겨우 눈꺼풀을 깜빡이는 것뿐입니다. 그런 상황에서도 그는 시를 지어 하나님을 찬양하며 감사를 드립니다.

움직일 수 있는 것은 눈꺼풀 밖에 없었다는데 겐조씨는 어떻게 시를 쓸 수 있었던 것일까요? 그가 시를 쓸 수 있었던 것은 가족들의 헌신적인 도움이 있었기 때문이라고 합니다. 무엇보다 겐조씨 어머니의 도움이 컸습니다. 그의 어머니는 겐조씨가 눈을 깜빡이는 모습을 보면서 하고 싶은 말이 있음을 알아차렸습니다. 어머니는 일본어 문자판을 보여 주고 손으로 짚어 가면서 아들이 하고 싶은 말이 무엇인지 직접 표현하게 해 주었습니다.

아들은 어머니가 손으로 문자를 짚어 나갈 때에 자신이 원하는 문자에서 눈을 깜빡여 자신의 뜻을 알렸습니다. 그렇게 한 글자 한 글자 옮겨 만들어진 것이 바로 그의 '시'들입니다. 그리고 그 시들이 모여 시집이 되기까지 한 것입니다. 그가 쓴 '깜박임으로 지은 시'에는 몸이 불편한 자신의 눈 깜빡임을 하나도 놓치지 않고 노트에 적어 시집을 낼 수 있도록 도와 준 어머니에 대한 감사의 마음이 고스란히 담겨져 있습니다.

젠조씨에게 어머니는 삶의 전부였습니다. 그의 어머니가 그를 돌본 기간은 무려 28년이었다고 합니다. 사실 그 어머니 때문에 그가 살 수 있었던 것입니다. 그래서 그는 자기 어머니가 자기보다 좀 더 오래 살아주시기를 간절히 기도했었다고 합니다. 하지만 안타깝게 그의 소원대로 기도가 응답되지는 않았고, 그의 어머니는 병들어 그의 곁에 누워 계시다가 "시를 써주지 못하게 되어 슬프다."는 말을 남기고, 먼저 천국으로 가셨습니다. 그의 아버지도 얼마 지나지 않아 어머니의 뒤를 이어 세상을 떠나셨습니다. 평범한 우리로서는 '그에게 도대체 무슨 감사할 것이 있을까?' 하는 생각이 듭니다. 그가 처한 상황은 원망과 불평밖에 할 것이 없어 보입니다. 하지만 그의 반응은 전혀 달랐습니다. 그는 도리어 자신을 위해 슬퍼해 주는 주위 사람들을 위로합니다. 그리고 자신의 마음은 더 잠잠하다고 말합니다. 그는 자신이 그럴 수 있는 이유를 그리스도가 함께 하여 주시기 때문이라고 했습니다.(그의 '울지 마세요.'라는 시)

다행히도 그의 어머니가 세상을 떠난 후 동생 가족들이 그를 돌봐주었습니다. 특히 그의 제수씨는 그의 어머니가 해 주셨던 손 역할을 대신 해 주었습니다. 그래서 그의 시들은 계속 발표가 될 수 있었습니다. 그 시들 중에 '감사'라는 것이 있습니다. 읽으면서 깊은 감동이 느껴집니다.

   햇살을 받으며
   조카딸이 손톱을 깎아 주었다.
   벚꽃을 바라보며
   제수씨가 머리카락을 잘라주었다.
   눈 녹는 소리를 들으며
   동생이 목욕시켜 주었다.

   이른 봄의 달을 보며
   하나님의 은혜에
   감사드렸다.

시를 읽으면서 가슴이 먹먹해집니다. 겐조씨의 처지가 생생하게 떠오르기 때문입니다. 그토록 의지했던 부모님이 다 돌아가시고 조카와 제수씨 그리고 동생이 자기 신체의 모든 것을 일일이 보살펴 주어야 하는 상황은 매우 수치스럽게 여겨질 수도 있는 것입니다. 아마 우리가 이정도면 대부분 하나님을 원망하고 '하나님! 정말 살아계십니까?'라는 의문들을 표하지 않았을까요? 그러나 겐조씨의 고백은 차원이 다릅니다. 그는 하나님의 은혜에 감사를 드립니다.

이처럼 겐조씨의 시는 처음부터 끝까지 자신이 만난 주님을 찬양하며 감사를 드리는 것들이었습니다. 이런 마음을 가진 겐조 씨를 마을 주민들은 자기 '마을의 보배'라 불렀습니다. 자리에 누워 할 수 있는 일이 아무 것도 없었지만, 그는 누구보다 절망에 빠진 사람들의 희망이 되었습니다. 그의 삶의 흔적은 지금도 사카키 영광교회에 보존되어 많은 일본인들에게 큰 영향을 미치고 있습니다.

그의 시를 읽으면서 저절로 눈물이 났습니다.

어떻게 이런 감사가 가능한 것일까요? 전혀 감사할 상황이 아닌 것 같은데 감사할 수 있는 마음을 주시는 위대하신 하나님을 찬양하지 않을 수 없었습니다. 그와 비교할 수 없이 좋은 환경 속에 살고 있으면서도 불평하고 있는 나의 모습이 한 없이 부끄러웠습니다. 그를 통해 감사는 한 사람의 생을 위대하게 만드는 가장 중요한 도구임을 알 수 있었습니다.

2
나병 환자의
감사를 통해 얻은 깨달음

"세상에서 가장 행복한 사람은
기쁨으로 감사하며 사는 사람이다."
- 김명혁 -

　　　　상담학자요 설교가인 정태기 교수님이 있습니다. 이 분이 한 때 신앙의 큰 위기를 경험한 적이 있었다고 합니다. 기도가 막히고 만사에 짜증이 났습니다. 마음속에 절박한 위기감이 들었지만 어찌해야 할 줄을 몰랐습니다. 산과 기도원을 헤매고 돌아다녔지만 마음속에 평안은 찾아오지 않았습니다. 그러던 어느 날 자기 생각에 세상의 끝이라고 여긴 소록도를 찾아갔다고 합니다. 소록도를 찾은 이유는 '나병환자들로 가득 찬 그곳이 아마도 천당과 지옥의 중간쯤이 아니겠는가?'라고 판단했었기 때문이었다고 합니다. 정 교수는 소록도에 가면서 "과연 거기에도 소망이란 것이 있을까? 그곳에 사는 사람들은 살아야 할 이유가 무엇일까?"라는 생각을 했답니다.

그는 거기서 무언가 소망을 찾고 싶었습니다. 자기 보다 더 불행한 사람들을 보면서 슬픈 교만의 위안을 받고 싶었던 것입니다. 소록도에 도착해서 그는 먼저 가까운 교회에 들어갔는데, 마침 수요 낮기도 시간이라 모인 사람들이 통성기도를 드리고 있었습니다. 그도 사람들 틈에 끼여서 기도를 드리려고 했지만 잘 되지가 않았습니다. 입술은 바짝 바짝 타들어 가는 데 기도는 나오지 않는 안타까운 상황인데, 이상하게도 뒷사람의 기도 소리가 귀에 잘 들리더랍니다. 그리고 이상하게도 그의 기도소리를 듣는 중에 조금씩 그의 영혼이 흔들리기 시작했습니다. 뒤에서 들리는 기도소리는 너무나도 절절했답니다.

"하나님 내게 주신 은혜가 어찌 이리 크신지요? 어찌하면 이런 주님의 은혜를 조금이라도 갚을 길이 있겠는지요?.......어찌하면 이 크나큰 은혜를 갚을 수 있단 말입니까?"

정교수님은 그 기도소리의 주인공이 누군지 궁금해졌습니다. 이 저주 받은 섬에서 누가 주님의 은총을 저토록 특별하게 누리고 있는지 궁금한 생각이 든 것입니다. 하나님의 은총이 얼마나 컸기에 저렇게 절절한 감사 기도를 드리는지 궁금했답니다. 마음속에 저 사람은 아마 이 섬을 찾아온 돈 많은 기부자나 천사 같은 심령의 소유자 일 것이라는 생각을 하면서, 기도를 멈추고 뒤를 돌아보았는데 그 순간 그는 크게 놀랐다고 합니다. 거기에는 이게 사람인가 싶을 정도로 흉측한 몰골을 한 나병환자 노인 한 분이 앉아 있었기 때문입니다. 얼마나 심하게 병을 앓았는지 노인의 얼굴은 형태를 알아 볼 수 없을 정도로 완전히 짓뭉개져 있었습니다. 머리카락도 한 올 남아 있지 않았고, 코도 해골처럼 움푹 파였으며, 눈은 위아래가 붙어 있더랍니다. 그런데 그런 노인이 그의 뒤에 앉아서 하염없이 눈물을 흘리며 감사의 기도를 드리고 있더라는 것입니다.

정교수는 순간 자신의 눈을 의심했다고 합니다.
'저 노인이 어떻게 그런 기도를 드릴 수 있지?'
노인은 정교수님이 자신을 쳐다보는지도 모르고 손가락이 다 떨어져 나간 주먹으로 연신 얼굴을 훔쳐가며 하나님께 감사의 기도를 드렸습니다. 그런데 갑자기 정교수님의 마음 깊은 곳에서 뜨거운 것이 치밀어 오르더니 통곡이 터지기 시작했습니다. 그 자리에서 정교수님은 피를 토할 것처럼 큰 소리로 울고 또 울며 눈물을 쏟았습니다. 한참이 지나 눈을 떠 보니 그 노인이 혼자서 걱정스러운 눈으로 자신을 지켜보고 있었습니다. 정 교수님이 눈을 뜨니 그제야 노인은 안심했다는 듯이 앉은뱅이걸음으로 교회를 빠져 나갔습니다. 정교수님은 급히 일어나 그 노인의 뒤를 따라갔습니다. 그 노인을 따라가면서 정교수님이 이렇게 물어 보았습니다.

"할아버지 도대체 뭐가 그렇게 고마우신 겁니까? 무슨 은혜를 그리 많이 받으셨다고 그렇게 기도를 드리시는 겁니까?"

질문을 들은 노인이 한참 생각에 잠긴 것 같더니 그에게 이런 말을 해 주었습니다.

"내가 문둥병이 걸리자 세상도 피붙이도 다 나를 버렸지. 친구들도 다 떠나 버렸고. 그런데 말이야, 이런 나를 버리지 않고 이 소록도까지 따라와 준 한 분이 계셨어. 그분이 내게 기쁨과 소망을 주셨지."

"할머니가 따라오셨군요?"

나병에 걸린 노인이 고개를 저으며 대답했습니다.

"아니야 예수님이 따라 오셨지!!!"

정교수님은 노인과 두 평도 안 되는 그의 집에서 한 주간을 보내며 감사하는 삶을 배웠다고 합니다. 그는 거기서 그 나병환자 노인으로 인하여 위대하신 예수님을 실감하게 되었다고 고백했습니다.(〈내면세계의 치유〉 중에서)

주위를 돌아보면 우리보다 훨씬 더 안 좋은 환경 속에서 기쁨과 감사함으로 하나님께 예배하는 사람들을 많이 찾아볼 수 있습니다. 마그데부르크의 메히트힐트는 "제 손과 가슴의 힘을 거두셔서 다른 이들의 손과 가슴으로 저를 돌봐주시니 감사합니다."라고 노래했습니다. 남의 신세를 지지 않고는 살 수 없는 상황은 매우 곤혹스럽고 힘이 들 수밖에 없습니다. 하지만 메이트힐트는 그런 상황 속에서도 감사했습니다.

감사가 잘 나오지 않을 때는 나 보다 더 어려운 중에도 감사하며 살아가는 신앙인들의 모습을 한 번 찾아보는 것은 어떠실까요?

3
힘들 때도 감사할 일은 있다

"감사하는 삶에는 기쁨과 희망과 성취와 축복이 있다."
- 김장환 -

　　　　당신은 하루 종일 아무 일도 없었다는 이유로 감사 해 본 적이 있습니까?
　몸이 아파 자리에 누웠을 때, 평소 건강했던 몸에 대해 감사해 본 적이 있습니까?
　실패했을 때, 그래도 아직 끝난 것은 아니라며 감사해 본 적이 있습니까?
　'사회주의 혁명가, 노동운동가, 평화운동가'로 알려진 박노해 시인은 그의 시 '감사'에서 이런 일들에 대해 감사를 합니다. 그는 아무 일도 없었기에 한가함을 선물로 받았다고 감사하고, 실패가 있었어도 아직은 죽지 않았으니 감사하다고 합니다.

사실 이런 때 감사하기란 정말 어렵습니다. 평안할 때, 모든 일들이 잘 풀릴 때, 건강할 때, 삶에 소망이 넘칠 때, 온 가족이 두루 행복할 때 감사하는 것은 쉽습니다. 하지만 직장 일도, 자녀 일도, 건강도 모두 흔들리고, 주위가 온통 문제투성이일 때 감사하기란 쉽지 않습니다. 마음으로 아무리 '감사해야지!' 다짐을 해도 그게 원하는 대로 되질 않습니다. 벌써 입술에서는 원망과 불평이 튀어나오는 것입니다.

감사의 삶은 인생을 매우 긍정적으로 바라보는 시각에서 시작됩니다. 실패했을 때에도 내가 아직 죽지 않았다는 사실과 새로운 만남이나 선물에 주목할 수 있을 때 감사가 시작됩니다. 바라보는 것에 따라 불평과 원망이 나올 수도 있고, 감사와 기쁨이 나올 수도 있는 것입니다.

찬송가 429장을 작곡한 존슨 오트맨 목사(J. Oatman Jr.)는 "세상 모든 풍파 너를 흔들어 약한 마음 낙심하게 될 때에 내려주신 주의 복을 세어라 주의 크신 복을 내가 알리라"고 찬양했습니다. 삶이 힘들다면 지금 바라보고 있는 것들이 무엇인지 살펴보아야 합니다. 그리고 시선을 소망의 자리로 옮겨야 합니다. 그때 우리도 놀라운 감사의 비밀을 깨닫게 될 것입니다. 주위에 이런 감사의 비밀을 아는 사람들이 있으면 참 좋습니다. 이런 사람들이 인생의 고수들입니다. 우리는 그들을 보고 배울 줄 알아야 합니다.

빅뱅이론을 발견한 물리학자 스티븐 호킹 박사는 우리나라에서도 상당히 유명한 분입니다. 그는 장애로 인해 몸도 움직일 수 없고 말도 할 수 없어서 오직 컴퓨터를 통해 의사소통을 하는 힘겨운 상황인데도, 자신의 처지를 비관하고 우울하게 살기보다 도리어 낙관적이고 긍정적으로 사는 모습으로 많은 사람들에게 좋은 영향을 미치고 있습니다. 그에게 한 기자가 물어보았답니다.

"병마가 당신을 영원히 휠체어에 묶어 놓았는데 운명이란 녀석이 너무 많은 것을 빼앗아 갔다고 생각하진 않나요?"

질문을 받은 호킹 박사는 미소를 지어보이고는 세 개의 손가락으로 컴퓨터 자판을 두드리더랍니다. 그가 전하는 말이 화면에 나타났습니다. 그 내용이 이랬습니다.

"내 손가락은 여전히 움직일 수 있고 두뇌는 생각할 수 있습니다. 나는 꿈이 있고 사랑하는 가족과 친구들이 있습니다."

계속 호킹 박사는 다음 문장을 완성시켜 나갔습니다.

"아 그리고 나는 감사할 줄 아는 마음을 가졌습니다."(하바드 대학 교수 탈 벤 샤하르의 〈행복이란 무엇인가〉 중에서)

그가 이 대답을 하는 순간 사람들은 벅찬 감동에 휩싸여 박수를 치기 시작했다고 합니다. 현장은 박수소리로 가득했다고 합니다.

하나님을 믿는다면서도 조금만 힘들면 불평하는 사람들에게 이들이 주는 감동과 교훈 그리고 도전은 작지 않습니다. 우리가 참으로 믿음의 사람들이라고 한다면 어려울 때에 불평하기보다 감사해야 합니다.

믿음의 사람들은 넬슨 만델라처럼 행동할 수 있어야 합니다. 만델라가 남아공 정부의 핍박으로 27년간의 옥고를 치르다가 석방되었을 때 전 세계 언론이 그를 주목했습니다. 그때 한 기자가 그의 건강한 모습을 보고 그 비결이 무엇인지 물어 보았고, 만델라는 이런 대답을 했습니다.

"나는 감옥에서 늘 하나님께 감사했습니다. 하늘을 보고 감사하고, 땅을 보고 감사하고, 물을 마시며 감사하고, 음식을 먹으며 감사하고, 강제노동을 하면서 감사했습니다. 늘 감사했기에 이처럼 건강을 지킬 수 있었습니다."

만델라를 통해 신앙의 고수들이 해야 할 말을 알 수 있습니다. 신자는 늘 감사의 말을 해야 합니다. 만델라를 보면 신자가 감사하지 않는 것이 얼마나 큰 죄인지 알 수 있습니다.

조금 힘든 일이 있어도 믿는 사람답게 '하나님 감사합니다.'라고 해봅시다. 그래서 우리도 한 번 신앙생활의 고수들이 되어 봅시다.

4
'암'도 그의 감사를 막을 수는 없었다

"마귀의 세계에는 감사가 없다."
- 마르틴 루터 -

아일랜드인으로 미국으로 건너가 작품 활동을 한 코넬리어스 라이언(Cornelius Ryan)이란 작가가 있습니다. 그는 "제2차 세계대전" "가장 긴 밤" 등의 유명한 작품들을 집필했는데, 사망 직전까지 암 투병을 했다고 합니다. 그런데 그 고통스러운 인생의 마지막 시간을 보내면서도 그는 감사의 삶을 지속함으로 많은 사람들에게 깊은 감동을 주었다고 합니다. 암 투병 중에도 그는 매일 아침을 "하나님, 오늘도 좋은 날 주심을 감사합니다"라는 기도로 시작했다고 합니다. 그의 아내가 그에게 무엇이 그렇게 감사하냐고 물었더니, 감사하는 이유 5가지를 말해 주었답니다.

첫째, 사랑하는 자기 아내의 모습을 다시 볼 수 있는 것
둘째, 가족들의 음성을 들을 수 있는 것
셋째, 병들어 눕기 전에 작품을 탈고한 것
넷째, 하나님이 병마와 싸울 힘을 주신 것
다섯째, 주님이 자기와 가까운 곳에 계신다는 것

우리가 그와 같은 상황이라면 과연 감사할 수 있을까요? 의사에게서 "죽을병이 들었으니 준비를 해야 합니다."는 말을 듣는다면 우리는 어떤 반응들을 보일까요? 그때도 여전히 감사할 수 있을까요?

병원에서 종합검진을 받은 후 심장에 이상이 있단 진단을 받은 적이 있습니다. 그때 내 안에 일어난 생각들을 글로 적은 것이 있습니다.

"심장이 많이 커지셨네요.
굉장히 위험하신 상황입니다.
언제 심장이 멈출지 모릅니다."
심각한 의사 말에
흥미롭다.
이 때부터
숨은 더 가프고
가슴팍도 더 쑤시고

움직일 때 힘도 더 들고
느낌이 정말 좋질 않았다.

"심장초음파 사진을 보니
지난 검사 때와 크게 달라 보이지 않네요!
심장판막도 지난 검사 때와 같아 보입니다."
전문의 말에
흥미롭다.
이때부터
숨도 잘 쉬어지고
가슴팍 조임도 없고
움직일 때 힘도 안 들고
느낌이 정말 좋아졌다.

사람 느낌 정말 믿을 것 못된다.

감사는 뒷전이고 온 신경이 심장 상태로만 쏠리는 경험을 했습니다. 그러니 죽어가는 상황에서 조차 이토록 담담하게 매일 감사를 잃지 않았다는 그를 생각하면 놀랄 수밖에 없는 것입니다. 이런 소리를 들었다면 대부분은 가족들의 얼굴만 봐도 괜히 눈물이 나고, 설령 죽음이 두렵지는 않다 하더라도 아직 자신이 다 처리하지 못한 일들이 생각나서 숨이 막힐 것 같은 답답함을 느낄 것입니다. 하나님을 향해 "왜 이런 시련을 주셨느냐?"는 원망을 하거나 지나온 자신의 삶을 후회하는 경우들도 있을 것입니다.

하지만 라이언은 전혀 달랐습니다. 과연 누가 라이언처럼 감사할 수 있는 사람이 될 수 있을까요?

"자신의 삶이 오직 하나님의 은혜에 기초한 것임을 아는 사람들입니다."

우리 삶은 처음부터 마지막까지 하나님의 은혜입니다. 나면서 자라고 죽는 모든 과정이 다 하나님의 은혜입니다. 이것을 제대로 알 때에 비로소 라이언과 같은 기도가 가능하다는 것입니다.

그래서 저절로 기도가 나옵니다.

"주님! 나의 삶의 모든 영역에서 주의 은혜를 깨닫게 하옵소서!"

5
감사의 크기가 그 사람의 크기다

"남들이 잘되는 것을 보고 하나님께 감사하면
나 자신도 각별한 은혜를 받게 된다."
- 박윤선 -

2004년에 매티 스테파넥이란 소년이 세상을 떠났습니다. 그는 불과 14세의 어린나이에 생을 마쳤습니다. 하지만 그의 장례식에는 지미카터 전 미국대통령을 비롯해서 오프라 윈프리와 같은 미국의 유명 인사들 다수가 참석했습니다. 그리고 무려 천여 명이 넘는 시민들도 그의 죽음을 애도했습니다.

도대체 이 소년이 누구였기에 그렇게 많은 사람들이 그의 죽음을 추모했을까요? 카터 대통령은 이 소년을 '자신이 아는 사람들 가운데 가장 비범한 인물'이라고 말했습니다. 그를 낳아 준 어머니도 자기의 아들을 '자신의 영웅'이라 불렀습니다. 사람들이 이 소년을 그토록 귀하게 여기는 이유는 그가 짧은 생애 동안 보여 준 깊은 인생의 감동 때문입니다. 그의 삶이 주는 감동은 그의 시집 〈하트송〉을 통해 확인할 수 있습니다. 이 시집에서 스테파넥은 자신이 아침에 살아서 자리에서 일어나 숨을 쉬는 것에 대해서조차도 경이로움을 표현합니다. 그렇게 그는 삶의 매 순간을 감사하며 이겨냅니다.

매티 스테파넥은 근육성 이영양증이라는 희귀병을 앓았습니다. 어린 시절부터 그는 휠체어와 인공호흡기에 기대어 살아야만 했습니다. 두 형과 누나도 동일한 병으로 자기 앞서 세상을 떠났습니다. 또한 그의 어머니까지 스테파넥과 같은 병으로 고생을 하고 있었습니다. 사방을 돌아봐야 어느 한 구석 감사하고 기뻐할 구석은 없었습니다. 그런데 그의 노래들은 너무나 밝습니다.

그의 시 중에 병이 나으면, 하고 싶은 일들이 잔뜩 기록된 것도 있습니다.

"자전거도, 롤러브레이드도 타고 싶어 합니다.
산과 들로 긴 여행을 가고 싶은 마음도 있습니다.
운전면허증을 따서 차도 몰아보고 싶고,
졸업파티에서는 춤도 추고 싶은 마음입니다.
다른 나라들로 가서 낯선 문화들을 접해 보고도 싶고
후손을 남기고 싶다는 생각까지도 합니다.
몸에 주렁주렁 매달린 모든 줄들을 떼 내고

세상을 자유롭게 다니고 싶다는 간절한 마음도 들어 있습니다."('만약 내가 낫는다면' 중에서)

만일 이런 일들을 다 하고 싶은데 전혀 할 수 없다면 우리는 굉장히 우울해지지 않겠습니까? 그러나 스테파넥은 이런 절망적인 상황에서도 스스로 기뻐할 일을 찾아냅니다. 스테파넥은 자신이 죽은 후에 병이 낫는다 할지라도 하늘나라에 있는 형이나 누나들과 함께 기뻐할 것이라고 말합니다. 그리고 심지어 자신의 몸이 다른 사람들의 치료에 도움이 되도록 사용될 것이기에 행복하다고 합니다. 도저히 감사하고 기뻐할 수 없는 상황인데 그의 시에는 감사와 기쁨이 가득합니다.

이 14세 소년의 시를 읽으면서 저절로 고개가 숙여졌습니다. 그 어떤 어른 보다 성숙한 인생의 고수를 대하는 듯한 생각이 들었습니다.

나는 매티 스테파넥을 통해 나이의 크기가 그 사람의 크기가 아니라, 감사의 크기가 그 사람의 크기라는 사실을 알았습니다. 영국의 유명 종교인으로 기도의 사람이었던 윌리엄 로우(William Law)도 "위대한 성자는 기도와 금식을 많이 하거나, 혹은 자선을 많이 베푼 사람이 아니라, 범사에 감사하는 사람이다."라고 했습니다.

위대한 사람이 되고 싶다면 범사에 감사하기를 힘써야 합니다.

우리도 감사함으로 위대한 인생을 살아봅시다.

6
삶 자체가 하나님의 선물이다

"감사는 희망의 기초이다."
- 정호승 -

6년간이나 이화여대 총장을 역임했고, 여성으로 국무총리 서리까지 지낸 장상박사는 이 시대 여성들에게 귀감이 되는 분들 중의 하나입니다. 얼마 전 장상 박사의 자서전 〈지금도 나는 꿈을 꾼다〉를 읽으면서 한 사람의 생을 인도하시는 놀라우신 하나님의 은혜를 느꼈습니다.

거기서 나는 범사에 감사하며 꿈을 향해 나아가는 장 박사님의 모습에 대해 여성이지만 대장군 같이 세상에 영향을 미치는 이 시대의 드보라와 같다는 생각을 했습니다. 그녀는 성공적인 대학총장이었습니다. 하지만 그것 때문이 자만하지 않았습니다. 자서전에는 그녀가 사임할 때의 일을 이렇게 기록했습니다.

"총장 취임 후 제일 먼저 한 일이 기도였듯이, 나는 이임식을 마치자마자 작은 교회를 찾아가 기도했다. 내 기도는 넘치는 감사로 충만했다. 배우가 아무리 열심히 연습을 하고 무대에 선다 해도 조명이 없으면 그 배우의 연기는 빛날 수가 없다. 지난 6년간 내가 아무리 최선을 다했다 해도 하나님의 은총이 이화를 비추지 않았다면 그것은 수고로 끝날 뿐인 것이다. 그래서 더욱 하나님의 은총에 감사한다."

장상 박사님의 삶에서 정말 궁금했던 것은 소위 학력을 위조했다는 의혹을 제기하는 사람들의 입방아로 결국 총리 인준 청문회에서 낙마하고, 파렴치한 사람 취급을 받던 시절을 어떻게 이겨냈을까 하는 것이었습니다. 그녀의 자서전에서 나는 당시 장 박사님이 취한 담담한 모습에 정말 많이 놀랐습니다. 총리 지명 후에 연일 신문과 TV에서 자신을 파렴치한 사람으로 보도하는 모습을 보면서 하루는 자기 아들들에게 이렇게 물었답니다.

"이 여자 누구냐? 되게 파렴치하네!"

그랬더니 장 박사의 자녀들이 놀라면서 "어머니, 이건 어머니예요."라고 하더랍니다.

그때 장 박사님은 이런 말을 했답니다.

"알어. 보도를 보면 정말 파렴치한 것 같아서."

이런 모습에서 우리는 장 박사님이 얼마나 대담한 분인지 알 수 있습니다. 여장부라는 말이 딱 어울립니다. 하지만 그렇게 도

덕성의 타격을 입고 있는 상황에서 어떻게 마음이 평안하기만 했겠습니까? 학생들조차도 자신에게 진실이 무엇이냐고 묻는 데 속이 콱 막혀서 말을 이어갈 수 없었다고 합니다. 그러나 그 일들을 겪으면서 그녀는 놀라운 사실을 깨닫게 되었답니다. 장 박사님이 자신의 삶을 회개하는 마음으로 명상에 잠겨 있을 때 마음 깊은 곳에서 이런 소리가 느껴졌답니다.

"너 들거라. 60평생 네 삶을 내가 이끌었다. 네가 성실해서 오늘이 있는 줄 아느냐. 실은 나의 은총이 넘쳤느니라. 네 성실, 네 근검 아름답다. 그러나 그것도 내가 준 것이다. 그것을 깨닫고 겸허히 순종하고 헌신하라."

그녀는 자서전의 에필로그에서 "생 자체가 하나님의 선물"이라고 고백하며, 이렇게 자서전을 마무리했습니다.

"지칠 때마다 손을 잡아 주시고 끝까지 해낼 수 있게 힘을 주신 하나님께 감사드린다."

그렇습니다. 모든 것이 감사뿐입니다. 결국 하나님의 은혜가 아닌 것이 없기 때문입니다.

7
자식을 먼저 데려가셨지만 그래도 감사하다

"우리가 드리는 감사가 선물을 주신 분의 뛰어나심이 아니라
그 선물의 가치에 근거하고 있다면 하나님께서는
영광을 받으시지 않으실 것이다."
- 존 파이퍼 -

한국 대학생 선교회를 세운 김준곤 목사님에게는 신희라는 딸이 있었습니다. 두 아이를 낳고 행복한 결혼생활을 하던 김 목사님의 딸은 29세라는 너무나도 젊은 나이에 암으로 세상을 떠나고 말았습니다. 사랑하는 딸이 세상을 떠난 후 김 목사님은 큰 심리적 고통을 경험했습니다. 그런데 그 고통 중에 김 목사님이 하나님을 향하여 드린 감사가 많은 사람들의 마음에 깊은 감동을 주었습니다. 당시 김준곤 목사님이 겪었던 고통과 그것을 극복해 가는 과정에 대한 고백이 〈딸의 죽음 그 존재의 제로점에서〉라는 책에 잘 나타나 있습니다.

김 목사님은 암 투병 하는 딸의 고통을 보며 안타깝게 그리고

마치 목마른 사람처럼 간절하게 기도를 드렸다고 합니다. 김 목사님은 딸이 토할 때 자신의 죄를 창자까지 토했고, 앉으나 서나 주님과 딸의 이름을 번갈아 부르며 숨 쉬듯이 기도했다고 합니다.

"주님, 기도할 힘도 없고 믿음도 심지가 꺼져갑니다. 감사와 찬송을 악마가 빼앗아가고 있습니다. 살 힘도, 죽을 힘도 없습니다. 병과 싸우고 고통을 참을 힘이 조금도 남아있지 않습니다. 이 시련은 감당할 수 없습니다. 대신 책임져 주십시오. 물속에서 건지듯이 불속에서 건지듯이 당신이 성령으로 저 대신 기도해주시고, 믿게도 해주시고, 감사와 찬송도 주십시오."

하지만 하나님은 그 딸의 고통을 치료해 주지 않으셨습니다. 그는 이 때 마치 자신이 하나님께 외면을 당한 것 같은 슬픔을 느꼈고, 적지 않게 섭섭한 마음을 갖기도 했다고 합니다. 당시 자신의 상태를 "언어도, 행동도, 생각도, 심지어는 존재조차도 정지된 어떤 제로점에 선 것이다."고 표현했을 만큼, 그는 극심한 심적 고통을 당했습니다. 삶이 모두 무너지는 경험을 한 것입니다.

그러나 김준곤 목사님은 결국 이 모든 어려운 시간들을 아브라함이 이삭을 바친 신앙으로 극복해냅니다.

김목사님은 그 날 이후로 세상 욕심을 다 버리고 마음이 가난해졌다고 합니다.

그런데 마음이 가난해지니 도리어 더 풍요해지고 자유로워지더랍니다.

하나님이 자기 딸을 자기보다 더 사랑하시고 필요로 하셔서 그분의 시간에 그분의 방법으로 더 좋은 곳으로 데려가신 것이라고 생각하니 절로 찬송이 나오더랍니다.

이어지는 김목사님의 고백입니다.

"아이들에게는 엄마의 죽음, 사위에게는 아내의 죽음, 나와 내 집사람에게는 딸의 죽음, 아비된 자로서 열두 번도 더 신희의 죽음을 대신하고 싶었지만 고통과 죽음은 아무도 대신할 수 없습니다. 오로지 주님만이 신희를 대신할 수 있는 거지요. 주님은 나의 가장 소중하고 보배로운 것을 끝내 빼앗아가 버리셨지만 나는 이제 주님의 그 빼앗은 손보다 주님이 다른 손에 준비하신 선물을 더 기쁜 마음으로 바라봅니다. 영원한 소망, 영원한 생명.

지금 신희는 고통과 슬픔에서 벗어나 찬란하고 황홀한 주님 곁에서 천사들과 뭇 성도들의 찬송을 들으며 안식과 희락과 사랑과 건강과 행복을 누리고 있을 것입니다. 후일 내가 생명이 끝나 주님 품에서 깨어나면 그 애가 제일 먼저 꽃다발을 들고 아빠를 마중나와 주겠지요."

김준곤 목사님은 "존재의 제로점", 즉 처절하게 무너진 자기 마음에 감사가 회복된 것은 "기적"이었다고 했습니다.

"그러던 어느날 내게 하나의 기적이 일어났습니다. 깊고 깊은 존재의 저 밑바닥, 주님이 뚫으신 지하에서 생명수가 솟듯이 내 안에서 아주 가늘고 작은 목소리로 찬송이 터져나온 것입니다. 찬양의 영이 주어진 것이지요. 그것은 분명 내 찬송이 아니었습니다. 내 속의 성령이 나를 대신해 부른 찬송이었습니다. 그렇습니다. 부활하신 주님이 나와 함께 내 위에 살아계셨던 것이지요."

정말 이런 일들은 하나님이 행하시는 기적이 아니고서는 불가능한 일일 것입니다. 얼마나 하나님 나라의 위로가 그분의 마음에 넘쳐났으면 딸을 잃은 슬픔을 이렇게 당당히 이겨낼 수 있었겠습니까? 그러니 기적인 것입니다.

오늘 우리가 슬프고 아픈 일을 겪어도 우리 안에 이 믿음을 가져야 합니다. **아무리 슬프고 고통스런 상황이라도 주님은 능히 위로하실 수 있다는 것입니다.**

자식을 먼저 데려가셨음에도 불구하고 감사할 수 있었던 김준곤 목사님의 신앙이 우리에게도 회복되기를 소원합니다.

8
주변의 적까지도 감사의 내용이 된다

"세상에서 가장 강한 사람은 자기를 이기는 사람이고
가장 부유한 사람은 만족할 줄 아는 사람이며
가장 지혜로운 사람은 배우는 사람이고
가장 행복한 사람은 감사하며 사는 사람이다."
- 탈무드 -

링컨과 관련된 일화들 중에 이런 것이 있습니다. 그가 대통령이 되기 전, 한가롭게 시골길을 걷다가 쟁기질을 하는 농부 한 사람을 발견했답니다. 그런데 그 농부 앞에서 쟁기를 끄는 말이 쉼 없이 꼬리를 흔드는 것이 매우 특이 했습니다. 링컨이 자세히 살펴보니 파리 한 마리가 말을 계속해서 귀찮게 하고 있더랍니다. 보다 못한 링컨이 말을 괴롭히는 그 파리를 쫓아주려고 팔을 들어 올리자 일하고 있던 농부가 링컨을 말리더랍니다.

"그냥 내 버려두세요. 그 파리 때문에 이 늙은 말이 그나마 몸을 움직이고 있으니까요."(《내 인생을 바꾸는 감사 레시피》 중에서)

링컨은 농부가 했던 이 말을 마음 속 깊이 담아 두었다고 합니다. 세월이 흘러 링컨은 대통령이 되었습니다. 그의 주변에는 많은 정적들이 있었고, 그들은 링컨을 지독하리만큼 괴롭히고 공격했습니다. 그런데 바로 그때 링컨은 농부가 했던 말을 기억하면서, 그들 때문에 자신이 더 열심히 일할 수 있으니 도리어 그들에게 감사해야 마땅하다는 마음까지 가졌다고 합니다.

주위에 우리를 못마땅하게 여기며, 적대적인 말이나 행동을 거침없이 표현하는 사람들이 있다면 삶이 얼마나 힘들겠습니까? 직장생활이나 사회생활 중에 누구도 이런 사람들을 만나고 싶지 않을 것입니다. 하지만 우리의 바람과는 달리 살다보면 온갖 종류의 사람들을 만나기 마련입니다. 아무 잘못도 없는데 헐뜯는 사람이나, 헛소문을 퍼트려 곤경에 빠뜨리는 사람들을 만날 수 있습니다. 이런 사람들과의 만남은 삶을 고통스럽게 할 수 있습니다. 이런 고통의 때에 우리는 어떻게 반응해야 할까요? 이런 일을 당할 때, 우리도 링컨처럼 할 수 있어야 합니다.

그런 사람들로 인해 더 열심히 인생을 살 수 있고,
그런 사람들로 인해 나 자신을 더 철저히 지켜 낼 수 있으며,
그런 사람들로 인해 더 철저히 주변 단속을 할 수 있는 것이라고 생각하면서 그들로 인해 도리어 감사하는 것입니다.
물론 어려운 일일 것입니다.
하지만 충분히 도전해 볼만한 가치가 있습니다.

우리 주변에는 실제로 이런 감사를 드리는 사람들이 있으니 말입니다.

그리고 놀라운 사실은 정말 부메랑이나 메아리처럼 감사는 반드시 돌아와 가장 필요할 때 우리 삶을 복되게 해 줄 것입니다. 이어령 교수의 말입니다.
"감사하는 마음, 그것은 자기가 아닌 다른 사람에게 보내는 감정이 아니라 실은 자기 자신의 평화를 위한 것이다. 감사하는 행위, 그것은 벽에 던지는 공처럼 자신에게로 돌아온다."

9
먼저 감사해야 한다

"감사의 기술을 배울 때 그대는 비로소 행복해진다."
- 제임스 깁슨 -

하박국은 "비록 무화과나무가 무성하지 못하며 포도나무에 열매가 없으며 감람나무에 소출이 없으며 밭에 먹을 것이 없으며 우리에 양이 없으며 외양간에 소가 없을지라도 나는 여호와로 말미암아 즐거워하며 나의 구원의 하나님으로 말미암아 기뻐하리로다"(합 3:17-18) 라고 했습니다.

하박국이 살던 시대는 전혀 기뻐할 만한 여건이나 상황이 없었습니다. 모든 과수원에서 과수열매를 찾을 수가 없었고, 논과 밭에서 먹을 것을 발견할 수가 없었으며, 심지어 양이나 소조차 한 마리 찾을 수 없는 절대 빈곤이 사람들을 위협하고 있었습니다. 그런데 어떻게 기뻐할 수가 있겠습니까? 그러나 하박국은 하나님으로 인하여 소망을 발견했습니다. 그 순간 그는 이렇게 기뻐하며 외칠 수가 있었습니다.

"주 여호와는 나의 힘이시라 나의 발을 사슴과 같게 하사 나로 나의 높은 곳으로 다니게 하시리로다"(합 3:19)

이처럼 모든 여건이 갖추어지기 전에 감사하는 것을 하나님은 매우 기뻐하십니다. 모든 것이 갖추어진 상태에서 감사하는 일은 누구나 할 수 있는 일입니다. 하지만 지금 가진 것이 아무 것도 없지만 하나님이 계시기에 감사하며 현실을 바라볼 줄 아는 사람이 하나님의 마음을 참으로 흡족하게 하는 사람입니다.

꿈의 교회 김학중 목사는 교회 개척 초기에 교인이 한 사람도 없이 자기 아내만 앞에 두고 설교한 적이 있었다고 합니다. 최선을 다해 전도했지만 4주가 지나도록 아무도 예배에 참석하는 사람들이 없었습니다. 그러니까 잠도 오지 않고 하나님께는 왜 아무도 보내주시지 않느냐는 원망의 기도만 나왔습니다. 그때 그의 마음에 "사랑하는 아들아 놀라지 말라"하시더니 "너는 왜 아무도 없다고 하고, 혼자 기도하고 있다고, 혼자 예배하고 있다고 말하느냐? 네 마음속에 나는 어디로 사라졌느냐?"라는 말씀이 들렸습니다. 김 목사는 그 소리에 몇 시간을 회개했습니다.

그 일을 겪고 난 후 상황은 여전히 같았지만 모든 것이 달라졌습니다. 사람들이 자신이 내미는 전도지를 그냥 땅에 버려도, 외면하고 지나가도 마음이 기쁘고 즐거우니 화가 나지 않고 맥이 풀리지도 않고 도리어 자신이 전도할 수 있다는 사실만으로도 감사하게 되었습니다. 그렇게 감사하기 시작하자 놀라운 일이 일어났습니다. 바로 그 다음 주에 한 가정이 처음으로 등록을 하더랍니다.(〈행복한 습관〉중에서)

구약의 요나는 하나님의 눈을 피해 달아나다가 풍랑을 만났습니다. 요나는 그 풍랑이 자기 때문에 일어난 것임을 고백하고 사람들에게 자신을 바다에 던지라고 말합니다. 그를 건져보기 위한 노력이 모두 수포로 돌아가자 사람들은 어쩔 수 없이 요나를 풍랑 속으로 던져 버렸습니다. 그 순간 하나님은 큰 물고기를 예비하셨다가 요나를 삼키게 하셨습니다. 결국 요나는 징계를 받아 물고기 뱃속에 들어간 것입니다. 그런데 그 물고기 뱃속에서 요나가 무슨 일을 했을까요? 놀랍게도 요나는 거기서 감사의 기도를 드렸습니다.

"나는 감사하는 목소리로 주께 제사를 드리며 나의 서원을 주께 갚겠나이다. 구원은 여호와께 속하였나이다"(욘 2:9)

그 후 무슨 일이 벌어졌습니까?

우리가 잘 아는 대로 그는 물고기 뱃속을 벗어나 육지로 나올 수 있었습니다. 물고기가 그를 육지에 토해 낸 것입니다.

우리의 시선이 우리를 사랑으로 이끄시는 하나님을 바라볼 수 있다면, 그리고 우리가 그의 선하심과 인자하심을 진실로 신뢰할 수 있다면, 어떠한 상황에서도 먼저 감사할 수 있는 사람들이 될 것입니다. 그리고 하나님은 믿음으로 먼저 감사하는 사람들에게 풍성하게 은혜를 내려 주십니다.

10
늘 평범한 하루를 감사

"우리가 하나님의 자비하심에 전적으로 의존하고
살아왔음을 기억한다면 감사의 불꽃은 뜨겁게 타오를 것이다."
- 존 파이퍼 -

신구약 성경을 주석하여 유명한 메튜 헨리 목사님이 어느 날 노상강도를 당했습니다. 그 일을 겪은 후 메튜 헨리 목사님은 다음과 같은 몇 가지 이유를 들어 하나님께 감사를 드렸다고 합니다.

'늘 같은 길을 다녔지만 전에 한 번도 강도를 만나지 않았고,
지갑을 빼앗기긴 했지만 생명을 빼앗아가지는 않았으며,
가진 것 다 빼앗기긴 했지만 그리 중요한 것들은 아니었고,
자신이 강도가 아니라 강도를 당한 사람이었다'는 것입니다.

매일 반복되는 평범한 하루하루를 참지 못해 따분해 하거나

지루해 하며 불평하고 원망했던 기억들이 많습니다. 그러나 메튜 헨리 목사님의 감사를 보면 그렇게 평범한 하루하루가 사실은 하나님의 풍성한 은혜가 임하는 현장이었던 것을 알 수 있습니다.

이스라엘 백성들은 광야에서 매일 만나를 먹고, 거친 광야 길을 여행해야 했습니다. 그들이 걸친 것도 늘 같은 옷 한 벌뿐이었습니다. 이런 삶에 그들은 점점 지쳐갔습니다. 그래서 그들의 입에서는 불평이 끊이질 않았습니다. 그들의 심정이 충분히 이해가 됩니다. 이 시대 많은 사람들도 옷장 문을 열고서 이런 말들을 하지 않습니까?

"입을 옷이 없네!"

그곳에 분명히 수많은 옷들이 걸려 있지만 이런 말들을 하는 것입니다.

또 냉장고마다 먹을 것을 쌓아 놓고도 "먹을 것이 없네!"라고 하기도 합니다.

그러니 늘 같은 옷을 입고, 같은 음식을 먹으며 광야를 떠돌아야 하는 처지에 무슨 감사를 하겠습니까?

그런데 하나님께서는 그토록 초라해 보이는 그들의 삶도 사실은 큰 기적과 은혜의 선물이었다고 말씀하셨습니다.

"아니 도대체 그런 삶이 무슨 기적과 은혜의 선물이냐?"고 반문하고 싶으십니까?

생각해 보십시오. 그들이 먹은 만나는 세상 사람들은 아무도 먹어 볼 수 없었던 하늘의 양식이었습니다. 그들은 광야를 맨발로 떠돌았지만 발이 부르튼 적이 없었습니다. 그 거친 환경에서도 옷도 낡거나 헤어지지 않았습니다. 그것이 자연스러운 일상이라고 생각했겠지만, 사실은 하나님이 베풀어 주신 기적이고 은혜였던 것입니다.

발이 부르트지 않았던 것은 그들이 태생적으로 건강했었기 때문이 아니었습니다.
옷이 헤지지 않았던 것은 그들이 스스로를 잘 관리했기 때문이 아니었습니다.
매일 그들을 돌보시는 하나님의 은혜가 임했기 때문이었습니다.

우리 주위에서 일어나는 일들의 실체가 무엇인지 제대로 알 수 있다면, 우리는 하나님께 더 많은 감사를 드릴 수 있을 것입니다. 메튜 헨리 목사님이 강도를 만난 상황에서도 감사할 조건을 이리도 많이 찾아낸 것을 생각하십시오.
경건한 신자들은 모든 상황에서 항상 감사의 조건을 찾아낼 수 있어야 합니다. 평범한 하루하루가 감사가 넘치는 날들로 바뀌는 은혜를 누릴 수 있기를 기원합니다.

11
핍절한 중에 드리는 감사

"감사하기는 에너지를 전환하고 원하는 것이 더 많이
이루어지도록 하는 강력한 도구이다.
이미 있는 것들에 감사하면 좋은 것들이 더 많아질 것이다."
- 론다 번 -

마태복음 14장에는 주님이 광야에서 사람들을 가르치실 때에 일어난 한 사건이 기록되어 있습니다. 시간이 많이 흘러 저녁 식사 때가 되었습니다. 제자들은 예수님께 사람들을 마을로 돌려보내자고 말씀을 드렸습니다. 음식도 먹게 하고, 지친 몸도 쉬게 하기 위해서였습니다.

그런데 주님은 제자들에게 "갈 것 없다" 하시면서 그들이 감당하기 어려운 일을 명령하셨습니다.

"너희가 먹을 것을 주어라"

주님의 명령은 그들이 가진 것들로는 절대 할 수 없는 일이었습니다.

그래도 제자들은 주님의 말씀에 순종하여 최선을 다해 먹을 것을 찾아보았습니다. 하지만 그들이 얻은 것은 한 소년의 도시락뿐이었습니다. 도시락에는 그 소년이 혼자 먹기에나 적당할 정도의 "보리 떡 5개와 물고기 두 마리" 밖에 담겨 있지 않았습니다.

"주님! 우리가 찾은 것은 이것 밖에 없습니다. 이것이 이토록 많은 무리들에게 무슨 의미가 있겠습니까?"

어쩌면 제자들은 자신들이 찾은 그 적은 것에 매우 실망해서 고개를 흔들며 말했을 것입니다. 그런데 주님은 그 적은 것을 가져오라 명하셨습니다. 그리고 사람들을 잔디 위에 앉게 하신 후, 그것을 손에 드시고 하늘을 우러러 축사하셨습니다. 하나님께 감사하신 것입니다.

그 후에 주님이 취한 행동을 우리는 익히 잘 알고 있습니다. 주님은 제자들에게 그 적은 것을 사람들에게 나누어 주라고 명령 하셨습니다. 장정만 5,000명이 모여있는데 말입니다. 너무나도 어처구니없는 명령이었지만 제자들은 주님의 말씀에 순종했습니다.

바로 그때 상상할 수 없는 기적이 일어났습니다. 그 적은 보리 떡 5개와 물고기 두 마리를 그 무리들이 다 먹고 열두 광주리가 남는 기적이 일어난 것입니다. 지극히 적은 것을 가지고도 예수께서 드렸던 감사가 위대한 기적의 통로가 된 것입니다.

이런 주님의 행동에서 우리는 귀한 교훈을 얻을 수 있습니다.

먼저 지극히 작은 것에도 감사해야 한다는 것입니다. '저 많은 사람들에게 이 적은 것이 무엇인가?' 하는 생각은 당연합니다. 하지만 그 적은 것도 하나님이 은혜로 주어진 것이었습니다. 그것을 보잘 것 없게 여길 자유가 우리에게는 없습니다. 일단 주어진 것이 적다할지라도 우리는 감사할 줄 알아야 마땅한 것입니다. 다 받아 누리는 것들이기 때문입니다.

또한 그 적은 것에 대한 감사가 기적을 낳는 통로가 되었다는 사실입니다. 그 적은 것은 무려 5천명이 먹고 열두 광주리가 남는 풍성한 것으로 변화되었습니다. 광야의 굶주린 자기 백성을 만나로 넉넉히 먹여 주신 하나님의 놀라우신 기적을 주께서 다시금 재현해 주신 것입니다. 도무지 상상할 수 없는 위대한 일이 벌어졌습니다.

그 근원에 바로 감사가 있었습니다.
감사는 기적의 비밀통로입니다.
감사하는 삶에 기적은 조용히 찾아들어옵니다. 〈한 줄의 기적, 감사일기〉라는 책의 저자인 교사 양정윤씨는 감사의 일기를 쓰는 가운데 아이의 손톱 물어뜯는 습관이 저절로 고쳐지는 놀라운 일을 경험했다고 합니다. 그녀는 "그저....생활에 집중하면서 감사 일기를 쓰고 독서하고 공부했을 뿐인데 딸 아이의 마음에 저절로 변화가 왔다."고 증언했습니다. 핍절한 중에도 감사함으로 기적을 이루신 예수님처럼 당신도 어려움 중에 감사함으로 기적의 주인공이 되시기 바랍니다.

12
신선한 공기조차도 감사하다

"하나님께 드리는 감사와 믿음의 샘물이 말라버리면
그 아래 있는 복된 감사의 마음과 용기의 연못도 말라버린다."
- 존 파이퍼 -

헬렌 켈러 여사는 어린 시절 지독한 열병으로 장애인이 되었습니다. 그녀는 앞을 볼 수 없었고, 귀도 들을 수 없었으며, 또한 말도 할 수 없는 불쌍한 신세가 되었습니다. 하지만 이런 삼중고의 가련한 인생의 자리를 떨치고 일어나 그녀는 정상인보다 몇 배나 위대한 인생을 살았습니다. 그녀는 인문학 박사에 법학박사 학위까지 받을 정도로 학문적 성취를 이루었고, 희랍어를 비롯하여 라틴어와 독일어, 불어 등에도 능통했다고 합니다.

어느 날 헬렌 켈러 여사가 정원을 거닐다가 매우 행복한 표정을 짓더랍니다. 곁에 있던 사람들이 그녀의 손바닥에 글을 써서 그 까닭을 물어 보았습니다. 그녀는 이런 대답을 했습니다.

"신선한 공기를 들이마실 때마다 향기가 참 좋군요. 얼마나 감사한지 모르겠습니다."

우리는 잘 보고, 듣고, 말할 수 있는 사람들입니다. 정상인으로 우리가 누리는 것이 얼마나 많습니까? 우리는 얼마든지 아름다운 음악을 감상할 수도 있고, 아름다운 사계절의 눈부신 변화를 볼 수 있으며, 말로 원하는 바를 분명하고 쉽게 전달할 수도 있습니다. 그런 은혜를 누리고 살면서도 벅찬 감격으로 하나님께 감사한 적이 얼마나 있었는지 생각해 보아야 할 것입니다. 신선한 공기 한 모금 들이키며 그 속에서 느껴지는 향기로만으로도 마음 가득 감사를 느끼는 그녀의 삶은 우리에게 정말 큰 깨달음을 줍니다.

중국학자인 지셴린이 〈다 지나간다.〉라는 책에서 90세에 눈 수술을 받고 느낀 바를 적은 것이 있습니다. 그는 자신이 실명할 수도 있다는 사실을 알고 마음이 좀처럼 가라앉지 않는 힘든 경험을 했다고 합니다. 그런데 막상 레이저 수술을 받고 나서 거짓말처럼 눈이 잘 보이더랍니다. 그때 그는 덩실덩실 춤이라도 출 것처럼 기뻤다고 합니다. 그때에 그는 인생이란 감사할 것들로 가득 차 있음을 깨달았습니다.

정말로 알았네. 세상이 아름답다는 걸

정말로 알았네. 인간사는 곳이 수려하다는 걸
정말로 알았네. 우리 삶이 사랑스럽다는 걸

우리나라는 예전보다 정말 잘 살게 되었습니다. 전 세계에서 가장 가난하던 나라가 세계적인 부자 국가들 중의 하나가 되었습니다. 이제 우리나라를 선진국이라 해도 전혀 어색하지 않습니다. 그런데 이상한 사실은 우리나라가 OECD에 가입되었음에도 불구하고 자살률이 세계 제일이라는 점입니다. 결국 우리 사회는 매우 잘 살게 되었지만 전혀 행복하지 못하다는 사실을 알 수 있습니다. 이런 사회 분위기를 바꾸고 삶의 스트레스를 없앨 좋은 방법은 없을까요?

무엇보다 우리 안에 감사의 마음이 회복되어야 합니다. 내가 누리는 모든 것이 하나님의 은혜라는 사실을 알고 지극히 작은 것부터 하나씩 감사하기 시작한다면 삶을 짓누르는 고통들 중 많은 것이 사라질 것입니다. 우리의 삶이 아무리 힘들다 해도 헬렌 켈러 여사와 비교할 수 있겠습니까?

조셉 우드 크러치의 말을 기억합시다.
"행복은 바로 감사하는 마음이다."

13
겸손과 감사

> "하나님께서는 그리스도 안에서 어찌나 우리에게
> 자비로우신지 우리는 우리의 역경 속에서도 감사할
> 이유를 얼마든지 찾을 수 있다."
> - 존 칼빈 -

국민일보에 실린 글입니다.

스펄전 목사는 40세 이후 관절염의 일종인 통풍으로 많이 고생을 했습니다. 당시는 지금처럼 아스피린이나 혹은 마취제가 발달해 있는 시대가 아니었기 때문에 증세가 나타나기 시작하면 그 아픈 통풍의 고통을 고스란히 참고 견뎌야 했습니다. 우리가 잘 아는 것처럼 통풍은 바람만 스쳐도 아프다는 질병입니다. 통풍 때문에 움직이지 못하고 고통을 당하고 있던 어느 날 믿음이 좋은 성도 한 사람이 스펄전 목사를 찾아와서는 이런 질문을 했습니다.

"목사님, 통풍으로 몹시 아픈 순간에도 하나님께 감사할 수 있습니까?"

스펄전 목사는 이런 대답을 했습니다.
"예, 감사하려고 무척 애를 씁니다. 이 병이 나은 후에 하나님 앞에 참으로 감사하고 싶습니다."
그러자 그 신자가 스펄전 목사에게 이런 말을 했습니다.
"목사님, 지금 몸이 아플 때 하나님 앞에 감사할 수 있어야 합니다. 오히려 그 아픈 것을 가지고 하나님께 감사하세요. 범사에 감사하라고 하지 않았습니까? 그러면 하나님이 분명히 그 병을 고쳐 주실 것입니다."

그 말에 스펄전 목사는 큰 감동을 받았고, 범사에 감사하지 못하는 자신의 모습을 회개했다고 합니다. 생각해 보면 몸이 아플 때에 위로는 못해줄망정 책망하듯이 감사하라고 말하는 이 신자의 행동이 그리 지혜롭거나 현명하지는 않습니다.
하지만 이런 말을 듣고도 도리어 하나님 앞에서 자신이 얼마나 부족한지를 알고 회개하는 스펄전 목사의 성숙한 신앙은 우리를 놀라게 합니다. 어떻게 그는 이런 순간에도 감사하는 성숙한 인격을 갖출 수 있었던 것일까요? 하나님의 말씀 앞에 자신을 스스로 낮추는 겸손함이 없으면 그런 인격을 갖추기란 불가능했을 것입니다.
스펄전 목사는 겸손하게 하나님의 말씀을 받는 사람이었기에 그 힘든 상황에서도 감사하는 사람이 될 수 있었던 것입니다. 자기 자신을 높이는 사람들이나 교만한 사람들은 결코 그런 상황에서 감사할 수 없을 것입니다. 오직 겸손한 사람들만이 그런 상황에서도 감사할 수 있는 것입니다.

에딘버러 대학의 제임스 심프슨 교수도 겸손하게 감사의 마음을 품고 살았던 사람이었습니다. 그에게 한 학생이 "선생님의 생애에서 가장 뜻 깊은 발견은 무엇입니까?"라는 질문을 했다고 합니다. 심프슨 교수는 마취제인 클로로포름을 발견한 의학자였습니다. 그가 발견한 이 마취제로 인해 생살을 찢는 고통을 겪지 않고 수술할 수 있는 시대가 열린 것입니다. 그래서 주위 사람들은 심프슨 교수가 당연히 그 마취제의 발견에 대해 말할 것이라고 예상을 했습니다. 하지만 그는 사람들의 이런 예상을 뒤엎고 다음과 같이 대답을 했습니다.

"나의 생애에 있어서 가장 소중한 발견은 나는 죄인이며 예수님이 나의 구주이시라는 사실을 자각한 것입니다."(국민일보/겨자씨 중에서)

하나님 앞에서 겸손하게 자신을 낮출 줄 아는 사람들에게서만 나올 수 있는 위대한 감사입니다. 우리도 이런 감사를 할 수 있기까지 더욱 성숙한 인격을 갖추기를 힘써야 할 것입니다.

14
전쟁의 비극에도 불구하고 감사

"우리는 어떠한 환경도 그것이 내게 주어진
최상의 것이려니 생각하고 감사해야 한다."
- 매튜 핸리 -

　　　　　17세기 루터파 교회의 목사였던 마르틴 링카르트는 30년 전쟁 당시 독일의 아일렌베르크에서 목회를 하고 있었습니다. 오랜 전쟁으로 아일렌베르크에는 피난민과 부상병들이 몰려들어 인구과잉의 불안한 도시로 변해갔습니다.

　사람들이 몰려들면서 치명적인 전염병과 질병이 발생했고, 발 디딜 틈도 없이 복잡한 도시에 군대들까지 몰려와서 계속 식량과 보급품을 요구하는 바람에 대부분의 주민들이 굶주림과 생필품 부족에 시달려야 했습니다. 많은 주민들이 그곳을 떠났고, 목회자들도 대부분 다른 지역으로 피난을 갔습니다. 하지만 마르틴 링카르트 목사는 계속 그곳에 머물렀습니다. 그곳에서 그는 한 해에 무려 4,500건 이상의 장례를 치르기까지 했다고 합니다. 어느 날에는 한꺼번에 50명의 장례집례를 하기도 했다니 그 참상을 상상조차하기 어려울 정도입니다.

하지만 그 무엇보다 그의 가슴을 아프게 한 일은 자기 아내의 장례를 직접 치룬 것이었다고 합니다. 그 순간은 너무나 비참하여 그도 낙담이 될 수밖에 없었습니다. 하지만 이런 비극의 순간에도 마르틴은 짤막한 기도문을 지어서 그의 자녀들이 식사기도로 사용하게 했다고 합니다. 감사한 일은 그가 그토록 어려울 때에 쓴 기도문으로 작곡된 찬송들이 지금까지도 남아 있다는 사실입니다. 우리가 부르는 찬송가 66장(통일찬송 20장)도 그 중의 하나인데, 지금도 독일의 국가 행사나 기념일에 이 찬송을 부른다고 합니다.(낸시 레이 드모스의 〈감사가 이끄는 삶〉중에서) 이 찬송은 요한 크뤼거가 작곡하고, 마르틴 링카르트 목사가 작사를 했는데 그 가사가 다음과 같습니다.

1절
다 감사드리세 온 맘을 주께 바쳐
그 섭리 놀라와 온 세상 기뻐하네
예부터 주신 복 한 없는 그 사랑 선물로 주셨네
이제와 영원히

3절
감사와 찬송을 다 주께 드리어라
저 높은 곳에서 다스리시는 주님
영원한 하나님 다 경배할지라
전에도 이제도 장래도 영원히

누가 이 가사 속에서 그토록 슬프고 고단한 모습을 상상이나 하겠습니까? 풍성한 감사가 담겨진 이 찬송시는 우리에게 매우 평화롭고 안락한 분위기를 상상하게 하지 않습니까?
이 찬송시에서 그가 겪었던 극심한 고난의 시간을 떠올리기란 어렵습니다. 하지만 그의 시대는 말로 표현하기 어려운 비극적인 일들이 상시로 일어나는 전시(戰時)로 대부분의 사람들이 절망할 수밖에 없던 시절이었습니다. 하지만 마르틴 링카르트 목사는 그 슬프고 참담한 때에 풍성한 감사의 내용을 찾아 영원하신 통치자이신 하나님을 향하여 찬양과 감사를 올려 드렸던 것입니다.
그는 우리에게 최고의 신앙이란 고난 중에도 감사할 수 있는 신앙이라는 생각이 들게 합니다. 그리고 이토록 평화로운 시기에도 감사를 드리지 못하는 우리의 모습을 돌아보고 회개하게 합니다. **우리가 참으로 하나님을 믿는다면, 극심한 공포와 슬픔의 자리에서조차도 찬송과 기쁨의 노래로 감사하는 사람들이 될 수 있습니다.** 그것이 바로 마르틴 링카르트 목사의 감사의 삶이 보여 준 모범이라 할 수 있을 것입니다.

15
상황을 초월한 감사

"어떤 방식으로 표현하든 감사를 주고 받는 것은
일상 속 위대함의 핵심요소이다."
- 스티븐 코비 -

　　　세계적인 강연자, 닉 부이치치는 팔 다리가 없는 '해표지증'이라는 장애를 안고 태어났습니다. 그가 태어났을 때 그를 본 간호사들은 모두 울었고, 그의 아버지는 신음소리를 뱉어 냈으며, 그의 어머니는 닉을 보고 싶어 하지도 않았다고 합니다. 하지만 그의 아버지는 고통스러운 상황에서도 "닉은 아름답다. 하나님이 우리를 도우실 것이다."라고 말하며 하나님을 의지했고, 그의 어머니도 4개월이 지난 후에는 닉을 받아들으며, 그 후로 참 사랑 안에서 그를 양육했다고 합니다.

　　닉은 세상에 태어난 그 순간부터 고난의 사람이었습니다.

그가 재학 중에 왕따를 당한 일이 있었다고 합니다. 그런 자신의 처지를 비관해서 닉은 열 살이란 어린 나이에 벌써 인생을 포기해야겠다는 생각을 한 적도 있었다고 합니다. 하지만 가족들의 사랑 안에서 그는 힘든 시간들을 잘 극복할 수 있었고, 하나님의 은혜를 깨닫고 난 후로는 장애인인 자신의 삶에도 의미가 있음을 확신하게 되었습니다.

그는 현재 '사지 없는 삶'이라는 비영리단체의 장으로 전 세계의 팔 다리가 없는 장애인들을 위로하며 도전적인 삶을 살고 있습니다. 더군다나 카나에라는 일본계 미국인과 결혼해서 아들까지 낳았고, 장애인들에 대한 사람들의 수많은 편견을 깨며 행복한 삶을 누리고 있습니다. 그가 강연 중에 이런 말을 했습니다.

"사지가 없어 불행하냐고요? 마음의 상처를 안고 살아가는 사람이 더 불행합니다. 신체장애는 아무 것도 아닙니다. 살다 보면 누구나 고통을 겪습니다........앞날이 막막했던 어린 시절에는 다른 사람의 손과 발을 한 없이 부러워하며 왜 나는 손과 발이 없을까 절망하기도 했죠. 하지만 전 두 발가락으로 할 수 있는 일들을 배우기 시작했습니다. 이제는 팔 다리가 없다고 불평하기보다 제가 가진 두 개의 발가락에 감사합니다. 하나님은 내게 팔다리를 주지 않으셨지만 하나님의 팔다리로 나를 사용하셨습니다."

닉이 감사할 수 있다면 우리가 감사하지 못할 일이 무엇이겠습니까? 송명희 시인도 뇌성마비 장애로 인하여 스스로 몸을 움직여 전화조차 받을 수 없는 불편한 몸을 가지고 있지만 "공평하신 하나님이 나 남이 없는 것 같게 하셨네"라는 감사의 시로 하나님을 찬양합니다. 이들의 모습을 보면 사지 멀쩡하면서도 끊임없는 불평으로 날을 보내는 사람들은 모두 책망을 받아 마땅하지 않을까요?

닉이나 송명희 시인이 감사의 사람이 될 수 있었던 것은 하나님과의 만남이 있었기 때문입니다. 하나님의 위로가 이들에게 임할 때에 그들은 고통 중에서도 감사의 노래를 부를 수 있었습니다.

하나님은 우리가 어떤 상황에서도 능히 감사하게 하실 수 있는 전능자이십니다.

그 하나님의 위로가 우리 삶에도 임하기를 간절히 기대해 봅니다.

16
장애조차도 감사하다

> "하루에도 수백만가지의 감사한 일이 일어나지만
> 그 감사한 일을 감사한 일로 믿는 사람에게만 감사한 일이 된다."
> - 이의용 -

　　1968년생인 레나 마리아는 스웨덴의 한 마을에서 두 팔이 없고, 왼쪽 다리는 오른쪽 다리의 절반 정도밖에 안 되는 중증 장애를 가지고 태어났습니다.

　아이의 충격적인 모습에 당황한 의사가 3일 동안이나 부모에게 아이를 보여주지를 못했다고 합니다. 마침내 아기를 본 레나의 어머니는 그렇게 안타까운 모습으로 태어난 딸아이를 안고 한없이 울었답니다. 주위 사람들은 레나를 장애인 특수 보호시설에 맡기라고 했지만, 그녀의 부모는 기도를 드리면서 헌신적으로 아이를 가르쳤습니다. 그들은 레나의 장애를 있는 그대로 받아들이고, 도울 길을 찾았습니다.

부모님들의 희생적인 사랑으로 레나는 중증 장애에도 불구하고 어려서부터 밝고, 맑게 자랄 수 있었습니다. 레나는 그 몸으로 남보다 몇 갑절 노력하여 18살이 되던 1986년에는 신체장애자 세계 수영 선수권 대회 50m 배영에서 금메달을 수상했습니다. 그리고 1988년에는 서울 장애인올림픽에도 참석했는데 그때도 좋은 성적을 거두었습니다. 그녀가 장애인 올림픽에서 거두어들인 금메달 수는 무려 4개라고 합니다.

레나는 어려서부터 음악을 좋아했습니다. 그래서 오른 발로 피아노를 공부했고 스웨덴의 명문 스톡홀름 왕립 음악학교를 졸업했습니다. 그래서 지금은 세계적인 복음성가 가수가 되어 전 세계를 다니며 복음을 전파하며 인생을 멋지게 살고 있습니다.

그녀가 쓴 〈발로 쓴 내 인생의 악보〉라는 책은 스웨덴을 비롯한 여러 나라에서 베스트셀러가 되었습니다. 그녀가 우리말로 부른 '당신은 사랑받기 위해 태어난 사람'은 그녀의 사연을 아는 많은 사람들에게 감동을 주는 애창곡이 되었습니다.

레나는 다음과 같은 간증을 했습니다.
"저는 제 삶이 주는 모든 것에 감사하는 마음으로 노래를 부릅니다. 세상의 모든 사람들은 고귀합니다. 하나님께서는 우리 개개인을 특별한 목적과 남다른 이유에 따라 창조하셨습니다.

우리들 모두는 서로 다릅니다. 아마도 우리 인생은 어떤 때는 부족하게 살 때가 있고, 어떤 때는 아무 것도 없이 지내기도 합니다. 저는 두 팔이 없습니다. 그러나 노래를 잘하는 목소리를 지녔습니다.

당신이 돈이 없다는 것, 배운 게 없다는 것, 또한 온전한 신체를 지니지 않았다는 것은 중요하지 않습니다. 당신은 당신 나름대로 주변 사람들에게 무엇인가 중요한 것을 가졌습니다. 우리 모두는 각기 동등한 가치와 삶의 의미를 가지고 있으며, 소중한 존재인 것입니다."

"멀쩡한 신체를 가지고도 꿈을 위해 도전할 줄 모르는 것이 바로 장애입니다. 어떤 어려움이 있더라도 한계를 극복하기 위해 도전하는 순간 당신은 이미 승리자입니다. 아마도 만약 제가 팔과 다리가 있고 평범했다면 아시아에서 그렇게 관심 받지 못했을지도 모릅니다. 그래서 저는 종종 제가 장애인인 것을 감사합니다........장애는 하나님이 내게 주신 특권입니다."

그녀가 한국에 와서 여의도순복음교회에서 간증하면서 부른 찬송은 "어메이징 그레이스"(나 같은 죄인 살리신)라는 곡이었습니다. 이 곡의 내용은 우리가 아는 바대로 하나님의 은혜를 찬양하는 것입니다. 신체장애가 그토록 극심한 그녀가 어떻게 이런 내용의 찬양을 그리도 감명 깊게 부를 수 있는 것일까요?

♪"이제껏 내가 산 것도 주님의 은혜라
또 나를 장차 본향에 인도해 주시리."♪

그녀가 부르는 이 찬양은 심금을 울릴 수밖에 없습니다.

오늘도 그녀는 발로 그림을 그리고, 성가대 지휘도 하고, 유명 오케스트라와 협연을 하고, 10여개 나라의 언어로 번역이 된 베스트셀러를 써내고, 세계를 돌며 복음성가를 부르기도 하면서 전 세계를 무대로 활약하고 있습니다. 이런 그녀의 모습은 경이롭기만 합니다.

천형처럼 여겨질 장애를 극복하고 하나님께 감사하는 마음으로 복음을 전하며 세계를 다니는 이들의 삶을 통해 주님은 오늘도 우리가 어떻게 살아야 하는지를 큰 소리로 외치고 계신다는 생각이 듭니다.

"범사에 감사하라!"

17
깨끗한 눈으로 주를 볼 수 있어 감사하다

"나는 감사할 줄 모르면서 행복한 사람을
한 번도 만나보지 못했다."
- 지그 지글러 -

현재 우리 찬송가에 실린 22곡의 찬송가 가사는 화니 제인 크로스비 여사의 것입니다.

'찬양하라 복되신 구세주 예수' '찬송으로 보답할 수 없는 큰 사랑' '예수로 나의 구주 삼고'와 같은 주옥같은 명곡들이 그녀의 찬송시로 만들어 진 것입니다. 그녀가 앞을 볼 수 없는 장애를 가지고 있었음에도 이토록 기쁨이 넘치는 찬송시를 썼다는 사실은 놀랍기만 합니다. 도대체 무슨 은혜를 그리도 많이 받았는지 "측량 못할 은혜로 채우시며 늘 성경의 감화주사 큰 기쁨 중 주님을 찬양토록 내 생활을 도우시네"(540장)라고 노래할 정도입니다.

크로스비 여사는 자신이 받은 구원의 은혜를 얼마나 크게 여겼는지 그 무엇도 자기 안에 있는 기쁨을 빼앗아 갈 수 없음을 노래한 것입니다. 그녀는 앞을 볼 수 없는 상태에서 도리어 "더럽혀지지 않은 깨끗한 눈으로 주님을 볼 수 있음에 감사합니다."라고 고백했다고 합니다.

크로스비 여사의 찬송시에는 "십자가로 가까이 가게 하시옵고 몸소 받은 고생도 알게 하옵소서."(439장)라는 것도 있습니다. 이것은 그녀가 고난을 하나님의 은혜를 더욱 크게 알 수 있게 해 주는 하나의 통로로 여기는 신앙인이었음을 보여 줍니다.

우리도 고난을 통해 하나님의 은혜를 더 크게 깨달을 때가 종종 있습니다. 미국 변호사로 세 번이나 성북구에서 국회의원을 역임한 유재건 장로님은 '피터'라는 큰 아들을 통해 경험한 가정적인 고난으로 하나님과의 관계가 더 깊어졌다고 합니다.

'피터'는 중학생 때까지 모범생이었는데, 그 후부터 갑자기 삶이 삐뚤어지기 시작했다고 합니다. 아무리 설득을 해도, 또 화를 내도 소용이 없었습니다. 상담가에게 데려가 봐도 소용이 없었고 별의 별 수를 다 써 보았으나 아무 소용이 없었다고 합니다. 심지어 부부가 자녀 문제로 갈라지게 되었다는 식의 이혼 쇼까지 벌려 보았지만 소용이 없었습니다.

이 고난 때문에 유 장로님 부부가 할 수 있었던 일은 기도밖에 없었습니다. 5년을 눈물로 기도했습니다. 결국 두 손 다 들고 '피터의 문제는 하나님 마음대로 하십시오.'라고 할 수밖에 없었습니다.

그런데 그 아들을 하나님의 손에 내려놓는 순간부터 변화가 일어났습니다.

어느 날 유 장로님의 큰 딸이 아기를 출산했는데 피터가 그곳에 왔습니다. 어린 조카를 보며 피터는 자신이 외삼촌이 되었다는 사실에 대해 많은 것을 생각하는 것 같았습니다. 그때 피터는 이제부터 어린 조카에게 자신이 부끄러운 외삼촌이 되서는 안 된다는 생각을 했고, 신기하게도 그것으로 피터의 방황이 끝났다고 합니다. 유재건 장로님은 이렇게 고백합니다.

"하나님께서 우리를 좀 더 나은 사람으로 변화시키기 위해 손을 대실 때가 있다. 때로는 고난을 통해 우리를 단련시키신다. 하나님께선 큰 아들 피터로 인한 고난을 통해 나를 조금씩 다듬어 가셨다……만일 피터의 고난이 없었다면 나의 신앙생활은 어땠을까? 세상 일에 분주해서, 배부르고 등 따셔서, 게으르고 나태한 모습으로 죽은 신앙생활을 습관적으로 하고 있을지도 모른다……피터 때문에 나와 아내는 그때부터 지금까지 하루도 거르지 않고 새벽기도를 다닌다……우리 부부는 피터를 우리 집의 살아 있는 예수라고 부른다. 미성숙한 부모를 성숙하게 만들기 위해 피터가 그렇게 오랜 시간을 고생하며 희생되었기 때문이다."(유재건의 〈은혜인생〉중에서)

고난이 우리를 좀 더 정결한 신앙인으로 하나님을 만나게 해 줄 하나의 학습과정이라는 사실을 생각한다면, 고난도 감사의 내용이 됩니다. 당신이 지금 당하는 고난과 역경이 감당하기 힘들 때도 있을 것입니다. 그럴 때 크로스비 여사의 말을 한 번 생각해 보시면 어떠시겠습니까?

"더럽혀지지 않은 깨끗한 눈으로 주님을 볼 수 있음에 감사합니다."

18
마음에 새겨진 두 구절

"하나님이 거하시는 두 곳이 있는데 하나는 천국이요
다른 하나는 감사하는 마음이다."
- 아이작 월튼 -

한경직 목사님이 구술로 남긴 〈나의 감사〉라는 제목의 책이 있습니다. 한 목사님은 이 책에서 자신이 성경구절 두 곳을 자주 외우고 또 외운다고 했습니다.

그 하나는 "여호와께서 내게 주신 모든 은혜를 무엇으로 보답할꼬?" (시 116:12)라는 구절이고, 다른 하나는 "하나님이 세상을 이처럼 사랑하사 독생자를 주셨으니 이는 저를 믿는 자마다 멸망치 않고 영생을 얻게 하려 하심이라"(요 3:16)는 구절입니다.

한경직 목사님은 이 구절들을 마음에 새기고 평생 주님의 은혜에 감사하는 마음으로 살았다고 합니다. 한 목사님은 자신의 인생을 한 마디로 '감사'라고 표현했습니다. 책의 마지막 부분에서 그는 이렇게 하나님께 감사를 드렸습니다.

"오 자비와 긍휼이 풍성하신 내 하나님 아버지, 감사와 찬송과 영광과 존귀를 세세에 돌리옵나이다. 성부 성자 성령 삼위일체 우리 하나님께 그저 감사하옵고, 또 감사하옵고, 또 감사합니다. 할렐루야, 할렐루야, 할렐루야! 밤낮 불러도 그저 아쉬운 것뿐입니다.
이 부족한 죄인의 일생을 생각할 때 무엇으로 다 감사를 드려야 할지 알 수가 없습니다. 그저 감사합니다."

한 목사님은 자신의 지난 삶을 돌아보며 가슴에 사무치는 것을 한 마디로 표현한다면 "하나님 감사합니다"라는 말이라고 했습니다. 진심으로 몇 번이고 "감사합니다"라고 고백해도 부족하다는 생각이 든다고 하시는 한경직 목사님의 모습을 떠올려 보면 저절로 마음이 경건해집니다. 한 목사님의 말처럼 하나님의 은혜는 너무 크고, 너무 넓고, 너무 높고, 너무 깊고, 너무 위대합니다.
사실 한 목사님만이 아니라 우리 모두도 그런 고백을 해야 함이 마땅할 것입니다. 우리가 그렇게 하지 못하는 것은 그 은혜를 잘 알지 못하는 어린아이와 같은 신앙을 가지고 있기 때문이거나, 하나님 보다 더 사랑하는 대상들이 많기 때문일 것입니다.

성경은 하나님을 농부에 비유했습니다.

농부이신 하나님이 나무를 기른다고 생각해 봅시다. 농부는 그 나무가 잘 자라도록 거름을 주기도 하고, 가지를 쳐 주기도 하며, 때로는 더 잘 자랄 수 있게 뿌리를 뽑아 다른 곳으로 옮겨심기도 할 것입니다. 나무는 이런 농부의 행위를 달갑지 않게 여길 수 있습니다. 거름을 줄 때는 심하게 냄새가 난다고, 가지를 쳐 줄 때는 너무 아프게 한다고, 다른 곳에 옮겨 심을 때에는 적응하기 힘들다고 불평할 수 있을 것입니다. 하지만 농부가 행하는 이 모든 일들은 사실 나무에게 유익한 일들인 것입니다.

이재철 목사는 하나님이 농부로 나무처럼 우리를 기르신다고 한다면, 그가 우리에게 행하시는 모든 일에 대해 우리가 할 수 있는 말이란 오직 '감사합니다'밖에 없다고 했습니다(《참으로 신실하게》참조).

한경직 목사님은 자기 인생의 농부가 되신 하나님을 잘 이해하신 분이었음이 분명합니다. 그러기에 자신의 평생을 돌아보며 "하나님! 그저 감사합니다"라고 할 수밖에 없었을 것입니다.

우리의 삶도 동일하게 농부이신 하나님께서 기르고 계십니다. 때로 이해가 안 되는 일들이 주위에서 일어날 수도 있습니다. 그래도 농부이신 하나님을 생각하며 한 목사님처럼 "하나님 그저 감사합니다!"라고 해 보실 마음은 없으신지요?

19
성공의 삼박자-기도, 감사, 꿈

"수많은 축복과 기회 속에 사는 사람도 감사하는 마음을
갖기 전까지는 그것을 알지못한다."
-스티븐 코비-

　　　　류태영 박사님은 우리나라에 새마을 운동의 기초를 놓던 시절 중심적인 역할을 하신 분입니다. 한국인 최초로 덴마크 국왕의 초청을 받아 유학을 했고 이스라엘 벤구리온 대학의 교수를 역임했으며 건국대학에서 부총장까지 하신 분입니다.

　류태영 박사님은 비록 자신이 이 모든 일을 감당했지만 그것은 결코 자신에게 특출한 능력이 있어서 행한 일이 아니었다고 고백했습니다. 〈기도인생〉이라는 책에서 그는 자신이 겸손으로 하는 말이 아니라 진심으로 "오직 하나님께서 능력 없는 나를 들어서 사용하신 것"이라고 간증했습니다.

류 박사님은 자신의 성공은 기도와 감사 그리고 하나님께서 자신을 통하여 이루어 가실 일을 꿈꾸는 가운데 이루어졌다고 했습니다. 그는 자신의 삶의 본전은 "기차역에서 노숙하고 밥도 굶던 시절"이라면서 나머지 모든 것이 하나님의 은혜라고 했습니다.

류태영 박사님은 자신의 마음에 담긴 하나님을 향한 감사를 다음과 같이 말했습니다.

"하나님은 나를 끝까지 훈련시키셨고 언제나 기도대로 계획해 온 목표를 향해 나아갈 수 있도록 이끌어 주셨다. 눈을 뜰 때마다 불평하지 않고 감사할 수 있었던 원동력은 바로 그 본전 생각 때문이었다. 내게 그 본전을 허락하신 하나님께 감사할 따름이다. 하나님이 나를 이끌어 주시지 않았다면 나는 단 한 걸음도 나아갈 수 없었을 것이다. 그만큼 내 앞길은 막막한 어둠뿐이었다. 하나님은 나에게 내일을 꿈꿀 수 있는 희망을 주셨다. 무엇보다 감사한 것은 나를 이끄시는 모든 과정에서 말할 수 없이 훌륭한 사람들을 내게 보내 주셨고 영향을 받게 해 주셨다는 점이다."

"하나님은 내게 기가 막히는 선물들을 많이 주셨다. 그래서 나는 우는 날보다 웃는 날이 훨씬 많았다. 눈물을 흘려도 그것은 오히려 감사의 눈물이었다. 늘 감사한 일들뿐이어서 찬양이 입에서 떠나지 않았다. 하나님이 나에게 주신 깜짝 선물들은 정말 놀라웠다."

류태영 박사님은 우리가 인생길에서 어떻게 하나님의 복을 누릴 수 있는지를 잘 보여 주었습니다. 그런데 아무리 축복의 길이 선명하게 드러났다 할지라도, 그 길로 가지 않는다면 아무 소용이 없습니다.

성공의 삼박자인 기도와 감사 그리고 꿈을 우리 삶에도 적용합시다.

어려운 일이 있을 때 불평하기보다 먼저 기도하며 하나님의 도움을 구합시다.

힘들어도 모든 것을 공평하게 행하시는 하나님을 믿기에 먼저 감사하기를 힘씁시다. 진정한 행복은 외부의 조건에서 오는 것이 아니라 감사하는 마음에서 오는 것입니다. 불평하며 사는 것은 자신과 주변을 모두 불행하게 할 뿐 아무 유익이 없습니다.

하나님께서 현실의 고난을 이기게 하시고 반드시 꿈을 성취시켜 주신다는 소망을 잃지 말고 미래를 향해 나갑시다.

주님이 주시는 풍성한 은혜와 복이 우리 삶에도 넘치도록 임할 것입니다.

20
어떤 위협 앞에서도 감사할 수 있다

"살아 있다는 것만으로도 감사하면 진정한 감사입니다."
- 조정민 -

　　페르시아 제국 시절에 다리오 왕은 매우 교만한 금지령을 전국에 반포했습니다. 그것은 왕의 명령이 내려진 후 30일 동안은 왕 외의 어떤 신이나 사람에게 아무 것도 구해서는 안 된다는 것이었습니다. 이 금지령은 '만일 복종하지 않는 자들은 사자 굴에 던져 넣겠다.'는 두려운 경고 메시지와 함께 제국의 전역에 전달되었습니다.

　이 일이 있기 전까지 다니엘은 왕의 총애를 한 몸에 받으며 승승장구했습니다. 당시 페르시아는 120명의 고관이 제국 전체를 나누어 다스리고 있었습니다. 그 120명의 고관들 위에 세 명의 총리들이 있었고, 다니엘은 그 중에 한 사람이었습니다. 그는 이미 페르시아 제국 최고의 자리에 올라 있었습니다. 놀라운 사실은 다니엘에 대한 왕의 총애가 여기서 그치지 않았다는 것입니다. 다리오 왕은 그를 더욱 높여 전국을 다스리는 최고 총리가 되게 하고 싶어 했습니다. 하지만 빛이 있으면 그림자도 있는 법!

이런 다니엘을 시기하는 무리들이 많았습니다. 그들은 어떻게 해야 다니엘을 위험에 빠뜨릴 수 있을지를 서로 모의했습니다. 하지만 그들은 다니엘에게서 쉽게 약점을 찾아낼 수 없었습니다. 그가 참으로 정직하고 충직한 사람이었기 때문입니다. 결국 그들은 다니엘의 허물을 억지로 만들어 내기로 작당을 합니다. 다니엘은 정기적으로 예루살렘을 향해 창을 열어 놓고 기도하는 습관이 있었습니다. 그들은 이런 다니엘의 습관을 이용해서 그를 제거할 덫을 만들기로 계략을 세웠습니다. 그들의 사악한 계략은 치밀했습니다. 그들은 먼저 다리오 왕을 설득했습니다. 다리오 왕은 그들의 계략에 속아 자신이 아끼는 다니엘을 해칠 악한 도구로 이용을 당합니다. 그는 어리석은 허영심을 자극하는 자들의 농간에 휘둘려 황당한 금지령을 발표했습니다.

사실 이제까지 수많은 정치적 견제를 극복해 내고 최고위직까지 오른 다니엘이 주변에서 무슨 일이 벌어지고 있는지 모를 리가 없었을 것입니다. 그럼에도 불구하고 왕의 금지령이 내려진 이후 다니엘이 보여 준 반응은 놀랍기만 합니다.

"다니엘이 이 조서에 왕의 도장이 찍힌 것을 알고도 자기 집에 돌아가서는 윗방에 올라가 예루살렘으로 향한 창문을 열고 전에 하던 대로 하루 세 번 씩 무릎을 꿇고 기도하며 그의 하나님께 감사하였더라"(단 6:10)

다니엘은 30일만 지나면 다시 하나님께 기도할 수 있다는 생각을 하면서 일시적으로 자신의 신앙생활을 감출 수도 있었습니다. 위험한 상황을 탓하며 자신의 행동을 얼마든지 정당화시킬 수 있었을 것입니다. 하지만 그는 이런 위기 상황에서도 자신의 신앙을 감출 마음이 전혀 없었습니다. 그는 전에 하던 대로 무릎을 꿇고 기도하며 하나님께 감사했습니다. 대적들이 자신을 보고 있을 것을 뻔히 알았지만 흔들림 없이 하나님을 의지하며 감사하는 자세를 보인 것입니다.

결국 그는 사자 굴에 던져졌습니다. 하지만 하나님의 기적으로 그는 그 무서운 사자의 입에서 건짐을 받았습니다. 하나님께서 그를 보호하신 것입니다. 자신이 처한 상황과 상관없이 감사하는 그의 삶에 하나님께서 은혜를 베푸신 것입니다. **상황이 변할 때마다 불평과 원망을 쏟아 내는 자세로는 결코 위대한 역사를 이루어내지 못합니다.** 우리는 다니엘의 삶을 배워야 합니다. 어떤 위협 앞에서도 하나님을 향한 감사의 마음을 잊지 않았던 다니엘처럼 우리도 평생 감사하며 살 수 있어야 하겠습니다.

21
모든 것이 감사하다

"위대한 사람들은 매일매일 감사를 표현한다."
- 스티븐 코비 -

두레교회 김진홍 목사님은 자신이 철들기 전부터 모친의 기도소리를 들으며 잠이 들고, 잠이 깼다고 간증한 적이 있습니다.

그의 모친은 삯바느질로 4남매 모두를 대학까지 교육 시키셨다고 합니다. 김 목사님이 남양만에서 농민 목회를 하고 있던 때 모친을 모시고 살았답니다. 당시 김 목사님은 농민들의 소득 증대를 위해 양돈단지와 젖소단지 같이 부업이 될 만한 사업들 몇 개를 앞장서서 시작했는데, 경영 미숙으로 사업에 실패를 했답니다. 그로 인해 대표자였던 김 목사님은 큰 빚에 쪼들렸고, 빚쟁이들에게도 많이 시달림을 받았답니다.

그렇게 고생하는 아들의 모습이 안타까우셨는지 김 목사님의 모친은 금식 기도를 시작하셨습니다. 1월이라 추운 날씨가 지속되고 있어서 모친의 건강이 크게 염려된 김 목사님이 금식 기도를 멈추시라고 여러 번 권면했답니다. 하지만 모친은 그 말을 듣지 않고 계속 금식기도를 하시더랍니다.

김 목사님의 모친은 '늙은 어미가 아들 위해 할 수 있는 것이 기도 외에 더 있느냐?'하시면서 계속 기도하셨는데, 금식 5일째 되던 날 새벽기도를 마친 모친이 목사님께 매우 특이한 말씀을 하시더랍니다.

"김 목사! 내가 오늘 금식을 마치기로 하였네."

"무사히 금식을 마치셔서 감사합니다."

"내가 오늘 금식을 마친 것은 새벽기도 시간에 하나님의 음성을 들었기 때문이네."

"어머니! 어떤 소리를 들으셨습니까?"

"아들 목사가 지금은 어려우나 42살이 지나면 괜찮을 것이라는 소리를 들었네."

김 목사님은 이런 어머니의 말을 설마하며 의심했었다고 합니다. 그런데 흥미롭게도 시간이 흘러 정말 42세를 지나 43세에 접어든 후에는 언제 그랬는가 싶을 정도로 모든 어려움이 순탄하게 풀리고 좋은 일들이 거듭 일어나서 자기 모친의 말이 그냥 하신 말씀이 아닌 것을 알았다고 합니다.

그렇게 김 목사님을 위해 사랑으로 기도를 해 주시던 그 모친은 의식을 잃고 돌아가시기 직전 "모든 것이 감사하다."는 마지막 말씀을 남기셨다고 합니다. 평생 삯바느질로 고생하며 자식들 교육시키고 늙어서까지도 마음 편할 날 없이 어려움 당하는 자식 위해 금식기도하며 뒷바라지를 해야 했던 자신의 처지를 한탄할 수도 있었을 것입니다. 하지만 김 목사님의 모친은 그런 한탄을 늘어놓기보다 도리어 자신의 삶이 모두 감사할 것들뿐이었다고 고백했다는 것입니다.

나는 도대체 어떤 마음을 지녀야 "모든 것이 감사하다."는 고백을 할 수 있을까라는 생각을 해 보았습니다. 그리고 나름대로 기도로 모든 것을 이길 수 있다는 확고한 믿음의 마음을 가지고 사셨기에 그런 고백이 가능했을 것이라는 짐작을 해 보았습니다. 기도에 응답하시는 하나님이 살아계신다는 확고한 믿음으로 인생의 모든 고비를 넘은 사람들이라면 누구라도 "삶이란 그저 감사할 것뿐이라."는 고백을 동일하게 할 수 있을 것이란 생각 때문입니다. 때로 힘든 일들도 있고, 견디기 어려운 일들도 경험하며 사는 것이 인생입니다. 하지만 그 모든 것을 섭리하고 다스리시는 분이 하나님이심을 믿고, 기도하고 기다리면 하나님이 가장 좋은 것을 주신다는 사실을 기대하며 계속 전진하는 사람에게는 모든 것이 감사한 삶이 가능한 것입니다.

4부

감사의 복

1
삶의 여유와 행복

"감사를 통해 사람은 부자가 된다."
- 본 회퍼 -

토크쇼의 여왕이라는 칭호를 지닌 오프라 윈프리가 이런 말을 했습니다.

"일단 하나님이 우주의 중심이라는 것을 알게 되면 모든 게 간단해지죠. 저는 '감사합니다.'라는 말을 하지 않고 넘어가는 날이 없습니다."

하나님이 만물의 창조주시며, 주인이시고, 만사를 운행하신다고 믿는다면, 우리도 누리는 모든 것들에 대해 "감사합니다."라고 말하지 않을 수 없을 것입니다. 인생을 감사하게 대하는 자세는 성도에게 매우 중요합니다.

한 기독교 신문에 이런 글이 실렸습니다.

어떤 목사님 한 분이 차를 가지고 교단 총회본부에 갔다가, 주차장에서 차를 빼서 나오려는데 앞뒤로 차들이 막혀 있었습니다. 그래서 주차 안내원을 불러서 차를 빼 달라고 부탁을 했습니다. 그런데 주차안내원이 차를 잘못 세우셨다고 하면서 "이곳은 어른 목사님들이 차를 세우는 곳"이라고 하더랍니다. 아마 그 목사님이 안내원이 보기에 젊어 보였던 모양입니다. 그런데 이 말에 그 목사님이 단단히 화가 났습니다. 그는 그 신문 기사에 이렇게 썼습니다.

'아니 어른 목사님이 있다면 그러면 나는 아이 목사인가? 이런 의식들이 바로 개혁의 대상이 아닌가?'

이전 같으면 나도 그 글을 쓴 목사님과 같은 생각을 했을 것입니다. 하지만 이제는 이런 생각이 그리 올바르다고 여기지 않습니다. 사실은 이런 말을 하는 분 안에도 개혁되어야 할 수많은 문제들이 있기 때문입니다.

우선 그 정도 일에 그토록 흥분할 필요는 없는 것입니다.

사실 다른 교단에 갔는데 그 교단의 중요 인사들을 위하여 주차장의 여유를 남겨 두고 그들이 불편 없이 이용하게 하고자 한다면 그것은 어떤 한 개인의 의지와는 전혀 다른 것일 수 있습니다. 그런데 그렇게 개혁이 되어 사라져야 할 대상이 되는 것 같이 말 하는 것은 지나치다는 생각이 들 수 있습니다. 또한 자신이 먼저 조금만 겸손했다면 아무 문제가 없었을 것이라는 사실입니다.

차를 주차 할 때, 자기 편리 밖에 생각할 줄 모르는 사람이라면 그 인격이 고매하다고는 할 수 없을 것입니다.

연세가 드신 분들, 나보다 더 몸이 불편하거나 혹은 운전이 미숙한 분들을 위하여 내가 조금 불편한 곳에 차를 세우려고 마음을 먹을 정도의 여유를 가지고 있었다면 이렇게 화가 날 이유가 없는 것입니다. 이렇게 생각해 보면 사실상 더 큰 문제가 자신의 삶의 태도에 있다는 사실을 쉽게 발견하게 될 것입니다.

인생에서 자세는 너무나도 중요합니다.
특별히 하나님 앞에서 삶을 살아가는 우리에게 자세는 더욱 그러합니다. 하나님은 내 생각의 안과 밖을 다 보시기 때문입니다. 하나님 면전에서 살아가는 자로서 우리가 가져야 할 가장 중요한 삶의 자세는 앞서 오프라 윈프리가 말한 것 같은 감사의 자세입니다. 우리가 누리는 모든 것은 다 주께서 주신 것들입니다. 이것을 진실로 깨달았다면 우리는 항상 감사하지 않을 수 없을 것입니다. 이런 마음일 때 비로소 삶에 여유와 행복이 찾아옵니다.

채스터톤의 말은 기억해 둘 만 합니다.

"나의 주된 인생관은 모든 것을 감사함으로 받고 당연한 것으로 여기지 않도록 연습하는 것이다."

삶에 여유와 행복을 누릴 수 있도록 평소 감사하는 자세로 살아야 하겠습니다.

2
시험을 이김

"불만은 생활에 독을 섞어 넣는다."
- 아미엘 -

이런 이야기를 읽은 적이 있습니다.

옛날에 사탄이 지구상에 내려와 북유럽 노르웨이에 창고를 하나 짓고, 거기에 미움과 불평 슬픔과 원망의 씨들을 저장해 놓았는데, 그것들은 누구의 마음속에 뿌려도 싹이 잘 났다고 합니다. 그런데 이상하게도 한 동네 사람들에게는 그 씨가 효력이 없었다고 합니다. 그 동네는 "기쁨"이라는 곳이었고, 거기에는 슬프고 절망적인 처지에도 항상 감사하는 사람들이 모여 살고 있었다고 합니다. 그래서 지금까지 노르웨이에 "감사하는 마음에는 사탄이 씨를 뿌릴 수 없다"는 속담이 남아있다고 합니다.

부부간에 서로를 향한 감사의 마음을 잃어버리면 거기에 사탄이 틈을 타서 들어옵니다. 내 남편이나 아내가 얼마나 감사한 사람입니까? 서로를 바라보며 "여보 고마워!!!"라고 말하는 가정은 반석 위에 선 집처럼 쉽게 흔들리지 않을 것입니다. 하지만 이 시대 부부는 서로를 향한 감사를 잊고, 의심과 불신의 마음으로 사는 경우들이 많습니다.

한때 방송에서 "자기야"란 방송에 출연한 연예인들이 상당수 이혼하게 되는 징크스가 있다는 이야기를 나누는 것을 보았습니다. 그 방송은 출연한 연예인 부부들이 서로 간에 서운했던 일이나 혹은 상대방의 단점과 같은 것들에 대해 서슴없이 이야기하는 것으로 유명했다고 합니다. 그런 일들을 통해 시청자들에게 웃음을 주고자 하는 것이 그 방송이 추구하던 방향이었던 것 같습니다.

그런데 그렇게 불특정 다수의 국민들이 보는 방송에서 서로를 헐뜯고 싸운 후에 그 감정이 상처를 입지 않고 온전할 리가 없는 것입니다. 거기서는 정신없이 사회자가 이끌어가는 대로 말을 했겠지만 프로그램이 끝난 후 곰곰이 자신들의 삶을 생각하면서 시험에 들지 않을 수 없었을 것입니다. 결국 상한 감정이 곪아 터져서 이혼에 이르게 되었을 것입니다. 감사가 아닌 불평을 자꾸 말하다 보면 거기에 바로 마귀가 틈타기 마련입니다.

이런 글을 읽어보았습니다.
아내를 의심하던 한 남편이 있었는데 그가 어느 날 자기 집으로 전화를 걸었는데 부인이 받지 않고 다른 여자가 받더랍니다. 그래서 누구시냐고 물었더니 파출부라고 대답을 하더랍니다. 남편이 주인아주머니를 바꿔달라고 했더니, "주인아주머니는 남편분하고 침실에 드셨다"고 하더랍니다.

"남편이라고 했습니까?"

"예, 야근하고 오셨다던데....."

"이백, 아니 오백, 드릴 테니 좀 도와주세요. 부탁입니다. 몽둥이 하나 들고, 몰래 침실에 가서 남편 뒤통수를 사정없이 내리쳐서 기절시키세요. 만약에 마누라가 발악하면 마누라도 같이 때려 눕히세요. 뒷일은 제가 책임지겠습니다. 부탁입니다."

파출부는 잠시 망설이더니 한번 해보겠다고 하더랍니다. 잠시 후 파출부가 전화를 끊지 않아서 전화를 통하여 요란한 소리들이 들리기 시작했습니다.

"으악 윽 아이구"

잠시 후 파출부가 다시 수화기를 들고 "시키는 대로 했어요, 둘 다 기절했는데... 이젠 어떻게 하죠?"라고 물었습니다. 남편이 의기양양하게 대답을 합니다.

"잘했습니다. 두 사람을 묶어두세요. 거실 오른쪽 구석에 다용도실이 보이죠? 그 안에 끈이 있으니 가져오세요."

파출부가 잠시 찾는 것 같더니 다시 전화기를 들고 말합니다.

"이 집엔 다용도실... 없는데요?"

남편이 잠시 생각하다가 되물었습니다.

'거기 532-37XX 아닌가요?'

파출부 대답은 '네? 아닌데요!' 였다고 합니다.

서로 믿지 못하는 가정처럼 불행한 것은 없습니다. 가정도 하나님이 지켜 주셔야 합니다. 스피로스 J. 히아테스는 "**하나님이 우리에게 어떤 것을 주시든지 감사하면 마귀가 발을 붙일 자리가 없다**"고 했습니다.

사탄은 재산을 통해서나, 사업장을 통해서 우리 삶에 들어오는 것이 아닙니다. 사탄은 늘 불만을 갖는 마음을 통해서 들어옵니다. 사탄이 마음에 들어와 그 마음을 무너뜨리면 마치 도미노처럼 몸도 사업도 가정도 무너지게 되는 것입니다. 사탄이 마음에 찾아올 때 넘어뜨릴 수 없는 사람은 바로 감사하는 마음을 가진 사람인 것입니다.

한 언론인이 프랭크 감독에게 행복해지는 비결에 대하여 물어보았더니 그가 웃으면서 이런 대답을 했다고 합니다.

"나는 행복의 비결은 모릅니다. 그러나 불행의 원인은 알고 있습니다. 첫째, 이웃 사람처럼 행복했으면 하고 남을 부러워하는 사람은 결국 불행하게 되고 둘째, 그때처럼 행복했으면 하고 과거에만 얽매이는 사람은 틀림없이 불행해집니다."

남을 부러워하지 말고 자신의 삶을 소중히 여기며 감사할 때에 비로소 행복한 삶을 살 수 있는 것입니다. 한 조각의 빵만 놓고 감사할 줄 아는 마음에 행복이 깃드는 것입니다. 사람들이 이것을 알기 때문인지 여러 가정들의 식탁 곁에는 "기도하는 할아버지" 그림이 걸려 있는 것을 볼 수 있습니다. 소박하게 행상하여 먹고 사는 어떤 할아버지가 감사기도를 드리는 모습을 그린 것인데, 식빵 한 덩어리와 수프 한 컵을 앞에 놓고 진지하게 감사기도하는 모습이 감동을 줍니다.

남이 가진 것을 부러워하며 시기하지 않고 과거에 얽매이지도 않으며 현실의 지극히 작은 것으로도 감사하는 그의 자세가 모두에게 전달이 되는 것 같습니다. 그러기에 칼 힐티는 행복론에서 행복의 첫 번째 조건을 "감사하는 마음"이라고 했을 것입니다. **감사함으로 사탄의 시험을 이깁시다.**

3
더욱 큰 은혜와 복을 누림

"가장 축복받는 사람이 되려면 가장 감사하는 사람이 되라."
- C. 쿨리지 -

멜로디 비티(Melodie Beattie)의 말입니다.
"감사는 완전한 인생을 열어 준다. 우리가 가진 것을 충분하고 넘치는 것으로 변화시킨다. 부정을 긍정으로, 혼돈을 질서로, 혼란을 명쾌함으로 바꾼다. 문제점을 재능으로, 실패는 성공으로, 예상할 수 없었던 일은 완전한 타이밍으로, 실수는 중요한 일로 변화시킨다. 감사는 과거를 이해하고 현재에 평화를 가져오고, 미래를 위한 비전을 제시한다."

감사가 얼마나 인생길에 은혜와 복을 가져다주는 도구인지를 잘 표현했다고 생각이 됩니다. 그의 말대로 에디슨은 신문 배달하다가 얻어맞고 귀가 멀었습니다. 하지만 그는 감사의 삶을 살았고 큰 축복을 누렸습니다. 그는 하나님께서 자기를 세계적인 과학자가 되게 하시려고 귀를 멀게 해 주셨다고 하면서, 그 일로 자신이 한 쪽 분야에만 전심전력할 수 있었고 결국 놀라운 인생의 업적을 이룰 수 있었노라고 말했다고 합니다.

예수 그리스도로 구속함을 입은 심령은 감사의 삶을 살아가면서 어떤 환경도, 어려움도 역전시키고 최후 승리를 얻습니다. 그러므로 우리는 감사해야 합니다. 감사는 마치 식물이 자라는 것처럼 적은데서 출발합니다. 적게라도 감사를 시작하면 그 감사는 점점 더 큰 열매를 맺습니다.

스펄전 목사는 '촛불을 보고 감사하면 전등불을 주시고, 전등불을 보고 감사하면 달빛을 주시고, 달빛을 감사하면 햇빛을 주시고, 햇빛을 감사하면 천국을 주신다.'는 말을 했다고 합니다. 아마도 스펄전 목사는 하나님께 감사하는 것이 더욱 큰 은혜와 복을 누리는 통로가 된다는 사실을 잘 깨달았던 모양입니다.

라인홀드 니버는 미국을 움직인 위대한 설교자요, 신학자 가운데 한 분입니다. 그는 성경에 "믿음 소망 사랑 이 세 가지는 항상 있을 것이라고 하였는데 그 중에 감사도 포함시켜야 한다."고 할 정도로 감사의 중요성을 강조했다고 합니다. 안타깝게도 그는 60세에 뇌출혈로 쓰러져 반신불수가 되었습니다.

그런데 힘든 고통의 시간을 보내면서도 그는 하나님을 찬양하며 감사만 했다고 합니다. 그랬더니 2년 후에 기적적으로 회복되어 다시 강대상에 설 수 있었다고 합니다. 이처럼 감사를 통해 더 놀라운 은혜를 받아 누린 사람들의 이야기는 어디서나 찾아볼 수 있습니다.

미국 버지니아에 가난한 모자가 살고 있었습니다.
목사였던 아버지가 일찍 세상을 떠나는 바람에 모자는 가난하게 살아야 했습니다. 어머니는 가난에 시달리면서 파출부로 남의 집 청소, 세탁, 재봉 등을 하면서 근근이 아들을 공부시켰습니다. 아들은 어머니의 뒷받침에 늘 감사하며 열심히 공부해서 늘 최우등만 차지했는데, 그것이 어머니의 은혜를 갚는 길이라고 믿었다고 합니다. 마침내 프린스턴 대학도 1등으로 졸업하게 되어 대표로 졸업 연설을 하게 되었습니다. 하지만 어머니는 그렇게 자랑스러운 아들의 졸업식에 참석하기를 힘들어 했습니다. 졸업식에 입고 갈 옷이 없었기 때문입니다. 그러나 졸업식에 참석해 달라는 아들의 간곡한 부탁 때문에 어쩔 수 없이 식장 맨 뒤에 숨듯이 앉아 있었습니다.

마침내 아들이 일등 금메달을 목에 걸었습니다. 그 아들은 금메달을 목에 걸자 어머니 앞으로 걸어와서는 그 목에 금메달을 걸어 드리면서 말했습니다.

"제가 이처럼 무사히 대학을 졸업하게 된 것은 먼저 하나님의 은혜이고 두 번째는 교수님들의 은덕입니다. 그러나 그 뒤에 숨어 있는 은혜는 어머니의 고생이었습니다. 어머니에게 이 모든 것을 드립니다."

　청중은 우레와 같은 박수를 쳐 주었습니다. 후에 그는 변호사가 되었고 나중에는 프린스턴 대학 교수를 거쳐서 1902년 총장이 되었습니다. 8년 후 뉴저지 주지사가 되었으며, 2년 후 미국 대통령이 되었습니다. 그가 바로 미국의 28대 윌슨 대통령입니다. 이처럼 감사할 줄 아는 마음은 더 큰 은혜와 복을 부르는 통로가 됩니다.

　누가복음 17장을 보면 10명의 문둥병자가 주님을 찾아온 사건이 기록되어 있습니다. 그들은 예수님께 자신들을 긍휼히 여겨달라고 간청합니다. 예수님은 그들을 향하여 이렇게 말씀해 주셨습니다.

　"가서 제사장들에게 너희 몸을 보이라"

　그들은 예수님의 말씀을 그대로 믿었습니다. 놀라운 기적이 일어났습니다. 그들이 제사장에게 가는 노중에 그들은 고침을 받게 되었습니다. 이 사실을 알게 된 한 사람이 먼저 소리 지르며 하나님께 큰 소리로 영광을 돌립니다. 그리고는 그냥 자기들의 집으로 돌아가 버립니다.

　그러나 그 중에 한 사람인 사마리아인이 다시 예수님을 찾아갑니다. 그리고 그 발 앞에 엎드려 감사를 드립니다. 그의 사례하는 모습을 보신 예수님이 그에게 이렇게 말씀하셨습니다.

　"열 사람이 다 깨끗함을 받지 아니하였느냐? 그 아홉은 어디있느냐?"

예수님은 그 이방인이 하나님께 영광을 돌리기 위하여 주님 앞에 나온 것을 귀하게 보셨습니다. 그리고 그에게 이렇게 말씀해 주셨습니다.

"일어나 가라. 네 믿음이 너를 구원하였느니라"

주님은 이 이방인의 행위에 마음의 감동을 받으셨던 것입니다. 그에게 더 큰 복을 베푸시고 싶으셨습니다. 그래서 이미 그는 치료를 받았지만 주님은 이제 그의 구원까지 선포해 주시는 것입니다. 그리고 그의 마음에 참된 평안과 확신을 주시는 것입니다.

부모님들에게 자녀가 감사하는 것은 마땅한 일입니다. 하지만 정말 그 자녀가 부모에게 진실 된 마음으로 감사를 드리면 그 마땅한 일을 행하는 것으로 인한 감동이 그 자리에 넘치게 되는 것입니다.

우리가 하나님께 감사드리는 것은 마땅한 일입니다. 그러나 우리가 하나님께 감사를 드릴 때 하나님께서는 더욱 기뻐하시며 우리를 향한 사랑을 더 놀랍게 행하시는 것입니다.

존 템플턴의 말입니다.
감사하는 마음을 가지면 부가 생기고,
불평하는 마음을 가지면 가난이 온다.
감사하는 마음은 행복으로 가는 문을 열어 준다.
감사하는 마음은 우리를 하나님과 함께 있도록 해 준다.
늘 모든 일에 감사하게 되면 우리의 근심도 풀린다.

4
고통을 이기는 진통제

"감사의 마음은 얼굴을 아름답게 만드는 훌륭한 끝손질이다."
- T. 파커 -

20대 꿈 많은 청춘 시절 아리따웠던 얼굴과 건강했던 온 몸이 자동차 사고로 인한 화상으로 어그러지고 쭈글쭈글해져버린 자매가 있습니다. 바로 이지선입니다. 이지선의 책 〈지선아 사랑해〉에 담긴 삶의 고백입니다.

"아픈 게 뭔지, 사는 게 뭔지, 살아 있다는 것이 무엇인지……모든 것이 모호해져갔습니다. 앞으로도 뒤로도 갈 수 없는 그 상황에서, 우리가 사람 사는 것처럼 살 수 있는 길은 '감사 찾기'였습니다. 눈에 보이는 것이라곤 원망하고 불평할 것밖에 없어 보였는데, 신기하게도 감사할 것을 찾으니 있었습니다. (중략) 그리고 놀랍게도 감사 찾기는 그저 감사를 말하는 것으로 끝나지 않았습니다. 처음에 입술로 시작한 감사가 내 귀를 통해 다시 나의 마음으로 들어와 그 감사는 점점 진심어린 고백이 되었고, 오늘의 감사거리를 찾게 하신 하나님께서 분명히 내일도 또 다른 감사할 거리를 주시리라는 믿음이 생기기 시작했습니다.

감사는 그동안 진통제가 결코 줄 수 없었던 마음의 평화를 가져다주었습니다. 감사는 미미하지만 어제보다 좋아진 오늘을 발견할 눈을 뜨게 해 주었고, 또 오늘보다 좋아질 내일을 소망할 힘을 주었습니다. (중략) 돌아보니 우리의 감사는 기적 이전에 시작된 일이었음을 깨닫게 됩니다. 처음엔 살기 위해 시작했던 하루에 한 가지씩 감사 찾기는 그 캄캄했던 터널을 지나갈 수 있는 용기를 주었고 또 사막에 강을 만들고, 광야에 길을 만드시는 분의 손길을 느낄 수 있게 해 주었습니다.

그 감사의 힘을 아는 저와 저희 가족은 십 년이 흐른 지금도 큰일은 물론이고 작은 일에도 그것을 허락하신 분께 감사를 고백합니다. 이만하면 습관이지요. 입에 배어서 별 생각 없이 형식적으로 하는 습관이 아닙니다. 할 때마다 신기한 힘이 마음에서부터 퐁퐁 솟아나게 하는, 할 때마다 즐거워지는 습관입니다. 감사는 기적을 만드는 습관입니다."

감사의 마음은 이지선이 고통을 이기는 힘이 되었습니다. 그래서 존 헨리도 "감사는 자부심과 자신감을 높이고 변화나 위기에 대한 대처 능력을 증진시킨다. 감사는 최고의 항암제요, 해독제요, 방부제다."라고 말했을 것입니다. 감사가 주는 복이 정말 놀랍지 않습니까?

안면장애를 가지고 태어나 버림을 받고 보육원에서 자랄 수밖에 없었던 김희아 집사는 자신의 얼굴에 있는 큰 보라색 반점이 복점이라고 말합니다. 그녀는 "좌절로는 이 세상을 살아갈 수 없었고, 어떻게든 감사를 찾아야만 세상을 살 수 있었다."고 했습니다. 즉 감사가 김희아 집사로 하여금 불의한 환경과 사람들의 시선을 견딜 수 있게 하는 생명의 끈이 되었다는 것입니다. 감사하며 상악동암이라는 무서운 암도 극복한 그녀는 당시 고난을 함께 했던 남자친구와 결혼을 하고 오늘까지 두 자녀를 낳고 감사의 전도자로 살아가고 있습니다.

감사할 수 없는 상황에서 어떻게 감사할 수 있느냐고 질문하기 이전에 곰곰이 자신의 삶을 돌아볼 줄 알아야 합니다. 이지선 자매나 김희아 집사와 같은 사람들에게조차 감사할 일이 그토록 많았다면 과연 우리에게 감사할 조건이 없을까요?

고통 중에 참으로 감사할 내용을 찾아낼 수 있다면 그는 이미 그 고통을 이겨낸 승리자로 서 있는 자신의 모습을 보게 될 것입니다. 이지선 자매의 모습에서 정말 큰 도전을 받으시길 바랍니다.

5
기적과 축복의 통로

"세상에서 가장 행복한 사람은 기쁨으로 감사하며 사는 사람이다."
- 김명혁 -

에비 로빈슨이라는 트럭 운전기사는 사고로 시신경을 다쳐 실명을 하고 하루아침에 시각장애인이 되었습니다. 크게 낙심할 상황이었지만 독실한 기독교인이었던 그는 낙심하고 절망하기보다 도리어 하나님께 기도하며 힘든 상황을 이겨냈다고 합니다. 그는 눈이 보이지 않는 안타까운 상황에서도 자기 집 마당 잔디밭에 무릎을 꿇고 감사의 기도를 드리는 일을 계속했는데, 그 기도의 내용은 "하나님 아버지! 오늘까지 빛을 주시고 생명을 주시고 여기까지 인도하여 주신 것을 감사합니다."라는 것이었다고 합니다.(리더스 다이제스트 기사 중에서)

그는 불평하고 원망하지 않았습니다. 신세타령을 하며 한숨만 내쉬고 있지도 않았습니다. 그 불행의 한 가운데서도 그는 감사하며 하나님께 영광을 올렸습니다. 모두가 불행한 일을 당했다고 생각했지만 그는 전혀 다른 자세로 자신의 고난을 담담히 이겨냈습니다. 놀라운 일은 그렇게 감사하며 3개월 정도의 시간이 지났을 때, 시신경이 살아나기 시작했다는 것입니다. 그리고 마침내 완전히 회복되어 다시 예전처럼 볼 수 있게 되었다고 합니다.

참으로 감사는 기적과 축복의 통로입니다!!!

할레이 프록토라는 사람이 있었습니다. 그는 우리가 잘 아는 P & G 회사를 창업한 사람입니다. 이 회사에 대해 이단 관련 소문이 많이 있었지만 사실이 아니라도 합니다. 실제로 그는 매우 신실한 그리스도인이었다고 합니다. 하나님께 늘 감사하는 마음으로 충성스럽게 신앙생활을 하는 사람이라고 합니다.

그의 사업과 관련하여 유명한 이야기가 하나 있습니다. 한 번은 비누를 만드는 그의 공장에서 직원의 실수로 기계가 규정된 시간보다 오래 작동이 되면서 물에 둥둥 뜨는 불량비누가 생산되었다고 합니다. 실수를 저지른 직원은 크게 당황했고, 회사 역시 큰 손해를 감수해야 할 위기 상황이었습니다.

대개 이런 경우가 발생하면 최고 책임자나 관련 당사자들은 크게 화를 내고 직원을 꾸짖어야 마땅했겠지만, 평소 말씀대로 범사에 감사하는 마음을 품고 살던 플록토 사장은 화를 내기보다 그 일에 대해 묵상을 하고 기도를 했다고 합니다. 그때 놀라운 아이디어가 그의 머리를 스치고 지나갔는데, '목욕탕에서는 물에 뜨는 비누가 훨씬 더 좋은 것이 아니겠는가?'하는 것이었습니다.

그는 직원의 실수로 만들어진 비누에 '아이보리'라는 이름을 붙이고 시장에 출하를 하면서 '물에 뜨는 비누'라고 선전을 했습니다. 놀랍게도 비누는 날개 돋친 듯이 팔려나갔습니다. 그리고 그 비누가 세계인에게 사랑을 받는 유명 제품이 되었습니다.

평소 감사의 마음으로 모든 일을 대하는 자세가 없었다면 과연 이런 일이 일어날 수 있었을까요? **감사는 위대한 기적과 축복의 통로가 된다는 사실을 잊지 말아야 하겠습니다.** 지금 당신이 겪고 있는 일이 황당하고 힘이 든다 해도 불평과 원망의 마음을 품기보다 감사의 마음을 품어 보면 어떨까요?

5부

나의 감사

1
위로하심 감사

"감사는 천국 자체이다."
- 윌리엄 블레이크 -

교회 집사님 한 분이 의류 사업을 시작했습니다. 그 공장에서 생산하는 옷들이 매우 다양했습니다. 하루는 이분이 집사람에게 인조 모피 옷을 선물해 주었습니다. 새로 출시한 것인데 사모님에게 먼저 드리고 싶었다는 말에 집사람은 정말 좋아했습니다.

성도가 준 옷을 선물 받았으니 교회에 적어도 한 번은 입고 가야 했습니다. 그래야 선물한 사람의 마음이 기쁠 것이 아니겠습니까? 그런데 바로 그것이 문제가 되었습니다.

얼마 지나지 않아 교회 안의 수많은 입들이 바빠졌습니다.

그리고 집사람을 대하는 태도가 조금씩 달라졌습니다.

제 집사람은 금방 그 이유를 알 수 있었습니다.

"도대체 사모가 어떻게 수백만 원 씩이나 되는 모피를 입을 수 있어? 아마 목사님이 돈 잘 버시는 가 봐!"

어처구니가 없는 일이었지만 어쩌겠습니까?

집사람은 누가 그 문제에 제일 민감하게 반응하는지 조심스럽게 살펴보았습니다. 정확한 조사(?)가 이루어 진 후 아내는 그 교인과 다른 분들이 함께 모인 자리에서 이렇게 말을 했습니다.

"지난번에 집사님 한 분이 의류 공장을 하시면서 인조 모피를 선물해 주셨지 뭐예요. 진짜 모피처럼 따뜻하고 좋네요. 집사님들이 보시기에도 그렇지요?"

모피에 대해 말을 많이 한 사람에게만 대놓고 이야기 하면 상처받을까봐, 여러 사람이 모인 곳에서 그것이 선물로 받은 인조 모피임을 자연스럽게 밝힌 것입니다. 그리고 교회 안에 더 이상의 술렁거림은 없었습니다.

사실 그런 말들을 옮기는 교우들 중 몇몇 분들은 이미 비싼 모피들을 가지고 있는 분들이었습니다. 심지어 색깔별로 여러 벌을 소유한 이들도 있었습니다. 그런데 모피는커녕 변변한 가죽옷도 한 벌도 가지고 있지도 않던 아내를 향하여 온갖 말을 해 댔으니 무척이나 미안한 마음들이었을 것입니다(비록 내 생각이지만...).

한참 소문에 시달릴 때 아내는 '있는 사람들이 더 무섭다.'는 말을 하기도 했을 정도였습니다. 아내나 나는 모피가 그렇게 비싼 줄도 모르고 있었습니다. 왜냐하면 백만 원이 넘는 비싼 옷을 사 입어 본 적이 없었기 때문입니다.

이 일을 겪고 나서 아내는 '나도 진짜 모피 옷을 입어보고 싶어요. 추위도 많이 타는데?' 라는 말을 했습니다. 그러니 내가 조금 미안한 마음이 들었습니다. 그런데 신기한 일이 벌어졌습니다. 얼마 지나지 않아 우리 교인도 아닌 다른 분이 집사람 몸에 조금 크기는 해도 진짜 모피 옷을 선물한 것입니다(물론 유명 브랜드는 아닙니다). 옷이 조금 크다보니 추운 겨울날 새벽예배 용으로 아주 적합했습니다. 집사람이 그것을 입고 교회에 가도 아무도 알아보지 못합니다. 이건 진짜 모피인데도 짝퉁으로 여기는 것은 아닐까요?

요셉은 보디발의 아내에게 무고를 당해 억울하게 옥에 갇혔습니다. 보디발의 아내는 자신이 요셉을 유혹해 놓고 도리어 요셉이 자신을 겁탈하려고 있다는 누명을 씌웠습니다. 변명 한마디 제대로 못해 보고 옥에 갇혀 지내야 했던 요셉의 마음이 얼마나 억울했을까요?
하지만 그는 이 감옥에서 바로 왕의 측근들의 만날 수 있었습니다. 그리고 그 중의 한 사람인 바로의 술 맡은 관원장의 꿈을 해몽해 준 것이 기회가 되어, 직접 바로 왕의 꿈을 해몽할 수 있게 됩니다. 그리고 마침내 옥에서 풀려나 애굽의 총리 자리에 까지 올랐습니다.

억울한 일을 당할 때 스스로 갚아 주고 싶은 마음이 드는 경우들이 참 많을 것입니다. 하지만 조금만 참고 인내해 보십시오. 살아 계신 하나님께서 모든 것을 보고 계십니다. 하나님은 우리가 억울한 일을 당했다는 사실을 아십니다. 그리고 반드시 바로 잡아 주십니다. 아니 더 좋은 것들로 우리 삶을 채우십니다.

짝퉁 모피로 억울할 때 진짜 모피로 위로해 주시고 격려해 주셨습니다.ㅎㅎㅎ

그래서 너무나 하나님이 고맙고 감사합니다.
살아갈수록 하나님의 행하시는 일이 신비하기만 합니다.

2
문제를 미리 아시고 해결해 주심 감사

"힘들어도 감사하고 조금만 더 견디십시오.
견딤이 있은 후에 쓰임이 있고
견딤이 있은 후에 누림이 있습니다."
- 강준민 -

　　평상시에 항상 믿음으로 살고 계십니까? 부끄러운 고백이지만 저는 목사면서도 자신 있게 이 말을 하기가 어렵습니다. 너무나 자주 내 믿음이 얼마나 작은지를 자각하기 때문입니다. 한 때 예수님의 제자들이 믿음이 작다고 책망을 받은 일들을 성경에서 읽으면서 '어떻게 이럴 수 있는가?' 라는 생각을 해 본 적도 있었습니다. 하지만 지금은 그게 바로 내 모습임을 자주 깨닫기에 부끄러운 생각이 들곤 합니다.

　　1997년에 교회를 건축한 후, 교회당 내부 기물들을 채우는 일이 정말 쉽지 않다는 사실을 알 수 있었습니다. 많은 가구들과 방송장비 그리고 조명들이 들어와야 했습니다. 특별히 교회에 우선적으로 필요한 것 가운데 장의자가 있었습니다.

한 업체를 찾아서 계약금을 걸고 먼저 물건을 받기로 하고, 잔금은 조금 여유를 갖고 지불할 수 있게 해 달라는 요청을 했습니다. 그분들은 그렇게 하겠다고 구두로 약속을 해 주었습니다. 나는 잔금을 여유 있게 지불할 수 있도록 잔금 지불하는 날짜를 서류에 지정하기를 원치 않았지만, 그분들은 비록 구두로 한 약속이지만 자신들이 약속을 꼭 지킬 터이니 걱정하지 말고 일단 서류상에 잔금일자는 기록하자고 했습니다. 그분들의 말을 신뢰하였기에 나는 별 생각 없이, 그들이 제시한 잔금일자를 보고 사인을 했습니다.

그런데 갑작스럽게 IMF 경제위기가 닥쳐왔습니다.

IMF 때에는 기업들도 큰 시련을 당했습니다. 우리 교회에 장의자를 공급해준 업체도 어려웠습니다. 그들은 기일에 맞춰 잔금을 지불해 달라고 요청했습니다. 나는 '비록 계약서에 잔금 날짜를 명기하기는 했어도, 교회가 어려우면 그 날짜를 연장해 줄 수 있다'고 하지 않았느냐고 항의해 보았지만, 그분들의 태도는 완강했습니다. 담당자는 자신들의 입장이 어렵다는 말만 되풀이 할 뿐이었습니다. 심지어 대화를 하다가 언성을 높이기까지 했습니다.

결국 나는 홧김(?)에 그 다음 주간 토요일에 잔금을 지불해 주겠노라는 약조를 하고 말았습니다. 아마 어떻게 해서든지 그 돈을 장만할 수 있을 것이라고 생각했던 것 같습니다. 하지만 막상 약속을 하고 나니 돈이 들어올 구석은 전혀 보이질 않았습니다. 경제위기로 모두가 어려운 상황이라 아무도 도와 줄 수 있는 형편이 못되었던 것입니다. 그 주 나는 이런 내용의 설교를 했습니다.

"비록 IMF로 우리가 힘들고 어렵기를 하지만 하나님은 결코 가난한 분이 아니십니다. 이 어려운 시기에도 엔화나 달러화의 가치 상승으로 많은 돈을 버는 분들이 계십니다. 하나님은 그런 돈들을 사용해서라도 분명히 우리 교회가 이 위기를 넘어서도록 은혜를 주실 수 있으십니다."

설교는 했지만 토요일 아침, 잔금을 지불해 주기로 한 시간이 되었지만 우리 수중에는 전혀 돈이 없었습니다. 그때 나는 새벽까지도 잠이 들지 못하는 날들이 많았습니다. 잔금지불에 대한 걱정이 마음을 짓눌렀습니다. 시간은 다가오는 데 준비된 돈은 없었습니다. 가슴이 타들어 갔습니다. 아침에 나는 성구사 사람들에게 약속을 지키지 못해서 당할 수모를 생각하며 무거운 마음으로 일어났습니다. 그런데 이른 아침에 전화가 한 통 왔습니다.

전화를 주신 분은 우리 교회 수요일 예배에만 참석하는 성도였습니다. 나는 그분을 중학교 선생님인 줄로만 알고 있었습니다. 그분이 전화로 이런 말을 했습니다.

"제가 지난 수요일에 헌금을 했는데 혹시 알고 계시나요?"

하지만 나는 전혀 그런 내용을 알지 못하고 있었습니다.

"잘 모르겠는데요."

"그래서 제가 전화를 드렸습니다."

나는 즉시 확인을 해 보겠노라고 대답을 하고, 당시 헌금을 받은 전도사님에게 전화를 했습니다. 전도사님은 지난주에 특별한 헌금은 없었다는 말을 하면서, 타교인 한 분이 봉투에 한 십만 원 정도 수표로 헌금한 것만 보았다는 말을 해 주었습니다.

나는 그 봉투를 확인했습니다.

놀랍게도 그 안에 그분이 말한 헌금이 들어 있었습니다. 그분이 드린 헌금은 장의자 대금을 지불하기에 충분한 것이었습니다. 그날 나는 성구사에 약속한 대로 잔금을 지불할 수 있었습니다. 그리고 나중에 그분이 우리 교회에 등록을 했습니다. 등록을 한 후에 그분이 현직 대학교수인 것을 알 수 있었습니다.

등록 후에 그 분 댁에 등록심방을 갔습니다. 거기서 나는 놀라운 말을 들었습니다. 그 분은 일본에 교환교수로 근무하면서 엔화로 월급을 받았다고 했습니다. 그런데 경제위기로 엔화 가치가 저절로 올랐다는 것입니다. 거저 벌은 돈이라 생각하니 자신이 쓰는 것이 합당하지 않다는 생각이 들더랍니다. 그래서 어딘가 가치 있는 일에 쓰고 싶다는 생각을 하고 있었던 차에 우리 교회가 건축을 한지 얼마 되지 않아 상당히 어렵겠다는 생각을 하게 되었고, 그래서 헌금을 했다는 것이었습니다. 그분의 말을 들으면서 나는 큰 충격을 받았습니다. 하나님께서 마치 내 설교를 들기라도 하신 것처럼 응답을 해 주셨기 때문입니다.

"이 어려운 시기에도 엔화나 달러화의 가치 상승으로 많은 돈을 버는 분들이 계십니다. 하나님은 그런 돈들을 사용해서라도 분명히 우리 교회가 이 위기를 넘어서도록 은혜를 주실 수 있으십니다."

모든 것이 하나님의 은혜였습니다. 어떻게 하나님이 이리도 세심하실 수 있으신지 할 말이 없었습니다. 그분은 등록하신 후 지금까지 변함없이 우리 교회에서 함께 신앙생활을 하고 있고 지금은 우리 교회 권사가 되셨습니다.

후에 나는 이 일을 곰곰이 되짚어 보았습니다.

하나님께서는 이미 기도를 들으시고 수요일에 돈을 입금해 주셨던 것입니다. 하지만 나는 그 사실도 모르고, 토요일까지 잠도 제대로 자지 못하고 걱정과 염려에 사로잡혀 있었습니다.

한 번 생각해 보십시오.

성도들이 헌금 한 후에 다음 주일이 되기도 전에 미리 전화로 확인하는 일이 흔한 일일까요? 그 권사님이 그 날 전화를 주지 않았다면 나는 이미 돈이 입금이 되어 있음에도 불구하고 성구사에 부끄러운 사정을 해야 했을 것입니다. 그리고 약속을 지키지 않는 사람이라는 비난을 면키 어려웠을 것입니다. 얼마나 답답하셨으면 하나님께서 그 날 아침에 권사님의 마음을 움직여서 전화를 하게 하셨을까요? 나는 그 전화를 하나님이 주신 것이었다고 믿고 있습니다.

나는 성도들에게 "근심하지 마세요, 염려하지 마세요."라고 설교는 하지만 얼마나 나 자신이 믿음이 부족한 사람인지를 절실히 깨달을 수 있었습니다.

하나님은 분명히 살아계시고 오늘도 우리의 소리에 귀를 기울이고 계십니다. 그런데 우리의 믿음이 너무 부족합니다. 바로 그게 문제라는 생각이 듭니다. 이 일을 겪으면서 저는 우리가 할 일은 오직 감사밖에 없음을 깨달아 알았습니다. 앞서 가시며 우리 문제를 해결해 주시는 하나님 앞에 드릴 것은 오직 감사뿐입니다.

여호와 이레의 하나님을 찬양합니다!

3
잊지 말아야 할 감사

"한 번 받은 축복이 한 때의 재수가 아니라 지속적인 축복이
되도록 만드는 것도 감사의 표현에 있습니다."
- 장경철 -

살다 보면 현실이 불만족스러울 때가 종종 있습니다. 그러나 조금만 이전 일들을 생각해 보면 매일 우리는 참 많은 하나님의 은혜를 경험하고 살고 있음을 새삼스럽게 깨닫습니다. 사실 우리 한국인들은 늘 하나님의 은혜를 찬양하며 살아야 마땅하지 않을까 하는 생각이 들기도 합니다.

지하상가에 교회가 있던 시절, 우리 교회는 여름마다 물난리를 겪어야 했습니다. 건물이 부실하게 지어져서 비만 오면 천장에서 물이 떨어지고, 바닥에서 물이 차 올라왔습니다. 장판이 온통 물에 부풀어 올라 사람들이 걸을 때마다 '쿨렁 쿨렁' 요동질을 쳤습

니다. 천장에는 각종 물통을 올려놓고 물받이로 사용했지만, 여기저기 새는 물을 다 잡아 낼 수는 없었습니다. 그래서 이곳저곳에 시꺼먼 곰팡이가 피어났습니다. 이 정도면 그나마 다행이었을 것입니다. 가끔씩 지하 배수실 펌프가 고장이 나곤 했는데, 하필 그때 비가 오기라도 하면 예배실로 물이 넘쳐 들어오기 일쑤였습니다.

예배가 한창 진행 중인데 갑자기 바닥에 물이 고이니 집사람과 몇몇 집사님들은 처음 교회에 온 사람들이 혹시라도 신경 쓸까봐 정신없이 교회 입구에서 물을 퍼내야만 했습니다. 바가지와 물동이 그리고 쓰레받기 등등 온갖 도구들을 이용해서 물을 퍼내느라 온 몸이 땀투성이가 되곤 했습니다. 우리 교회가 지하실에 있는 동안 이런 일은 여름철의 일상이 되었습니다.

그러던 어느 날 집사람이 내게 이런 말을 했습니다.

"언제쯤 주일에 치마 입고 교회를 가보지요?"

계속된 여름 장마로 교회당 안에 물이 자주 넘치니 집사람이 바지만 입고 교회를 다닌 지가 상당히 오래 된 모양이었습니다. 물을 퍼서 나르고 뒤에서 정신없이 일을 해야 하는데 치마는 불편해서 입을 수가 없었던 모양입니다. 나는 강단에서 예배 인도하느라고 잘 모를 때가 많았는데, 예배 중에 몇몇 성도들은 물과 한바탕 전쟁을 치르느라 온 몸이 땀과 물에 젖어 버린다는 것을 알게 되었습니다. 상황이 이러하니 교우들의 가장 간절한 기도 제목 중 하나가 "주여! 우리도 지상에 아름다운 예배당을 건축하고 예배를 드릴 수 있게 해 주시옵소서!"라는 것이 될 수밖에 없었습니다.

그렇게 5년의 시간이 지나갔습니다.
그리고 마침내 우리는 지금의 예배당을 건축할 수 있었습니다. 본당을 지하로 넣어야 예배당을 넓게 지을 수 있다고 하는 사람들도 있었지만, 나는 절대로 지하에 본당을 넣지 않겠다고 결심했습니다. 지하 예배당에서의 힘든 경험 때문이었습니다. 화려한 예배당은 아니었지만 처음으로 300평 조금 넘는 아담한 예배당을 건축하고 입당했을 당시 우리가 느꼈던 감격은 말로 표현하기 어려울 정도였습니다.

그런데 아무리 귀하고 좋은 일들도 시간이 지나면 그 감동이 사라진다더니, 교회가 부흥하고 장소가 좁아지면서 예배당 공간에 대한 불만이 자주 토로되기 시작했습니다. 은혜에 대한 감사보다는 좁은 예배당에 대한 불만족이 자꾸 토로되는 중에 다시 한 번 과거를 돌아볼 수 있었습니다. 그리고 우리가 하고 있는 이 불평이 얼마나 어리석은 것인지를 금방 알 수 있었습니다. 불과 얼마 전에만 해도 '치마만 입고 예배당에 가도 좋겠다.'는 생각을 하지 않았었습니까? 이 생각을 하면 불평, 불만을 어떻게 품을 수 있겠습니까?

저는 지금도 가끔씩 예배당에서 물을 퍼내던 그때 일을 생각하려고 노력합니다. 물을 퍼내던 쓰레받기, 대걸레, 바가지, 그리고 온갖 종류의 물그릇들을 생각하려고 합니다. 천장에서 떨어지는 물을 받기 위해 지붕에 올려놓았던 크고 작은 많은 그릇들을 생각하려고 합니다. 그럴 때면 지금의 예배당이 얼마나 하나님의 크신 은혜 가운데 지어진 것인지를 새삼 돌아보게 됩니다.

나는 예배당을 바라볼 때마다, 성도들과 조금은 다른 감사를 할 수 있게 해 주신 하나님의 은혜가 감사합니다. 그것은 바로 우리 집사람이 주일에 자유롭게 치마를 입고 교회당을 갈 수 있게 되었다는 것입니다. 정말 놀랍지 않습니까? 할렐루야!

돌이켜 생각해 보면 감사하지 않을 것이 없습니다. 살아가면서 주의 은혜에 대한 감사를 잊지 않도록 주의해야 합니다. 이스라엘이 하나님께 자주 책망받은 중요한 이유 가운데 하나가 바로 감사를 금방 잃어버리고 불평과 원망을 했다는 데 있습니다. 홍해에서 자신들의 뒤를 쫓던 애굽 군대가 수장되는 모습을 보았습니다. 이스라엘 사람들 모두가 찬양하며 감사하며 기뻐했습니다. 주님의 구원의 은혜를 노래했습니다. 그런데 그 후 사흘 동안 물을 얻지 못했고, 마라라는 곳에 도착했지만 그곳 물이 써서 먹지 못한다는 사실을 알게 되자, 이스라엘은 즉시 원망하기 시작합니다. 그리고 이런 이스라엘의 행태는 계속됩니다. 출애굽한 지 두 달 반 정도가 되기까지 변변하게 음식을 먹은 일이 없다고 생각한 이들이 과거 애굽에서는 고기도 먹었고, 떡도 배불리 먹었다고 원망하기 시작한 것입니다.(출 16:3)

은혜에 대한 감사를 잃어버린 삶을 하나님은 기뻐하지 않으십니다. 계속 불평하고 원망하던 이스라엘에게 하나님이 바울을 통해 해 주신 따끔한 말씀을 우리는 들을 줄 알아야 합니다.

"그들 가운데 어떤 사람들이 원망하다가 멸망시키는 자에게 멸망하였나니 너희는 그들과 같이 원망하지 말라"(고전 10:10)

사는 동안 우리를 구원하여 주신 주님의 은혜에 대한 감사를 결코 잊지 맙시다. 항상 그 은혜를 찬양하며 높이는 가운데 새로운 은혜와 복으로 우리 삶을 채워 주시는 하나님의 놀라운 인도하심을 더 풍성히 체험하기를 바랍니다. 그리고 그 일로 또 하나님을 더욱 높여 찬양합시다.

4
감사의 마음을 빼앗는 비교의식

"하나님께 감사할 일을 찾기가 어렵습니까?
그렇다면 우리의 생명 자체도 하나님 때문인 것을 기억하십시오."
- 지미 카터 -

살면서 남과 비교하는 마음이 들어오면 스스로 불행하다는 생각을 갖기 쉽습니다. 그러나 비교의식을 극복하고 자신의 삶을 조용히 들여다 보면 감사할 일들이 너무 많다는 것을 알 수 있습니다. 마음을 다스리면 모든 것이 달라집니다.

참 많은 사람들이 소위 강남에서 살기를 원하는 것 같습니다. 그곳에 살면 굉장한 자부심을 느끼게 되는 모양입니다. 주위에서 돈 좀 벌었다는 소문이 들리는 성도들이 강남으로 이사를 하는 모습을 여러 번 보았습니다. 정말 강남이 살기가 좋기는 좋은 모양입니다.

하지만 나는 강남이 아니라 중계동에 사는 것만으로도 정말 감사하고 행복합니다. 주변에 등산과 산책을 하기 좋은 불암산과 수락산이 있다는 것이 정말 좋습니다. 자전거를 타고 자유롭게 달릴 수 있는 중랑천 변도 마음에 듭니다.

나는 자주 산을 탑니다. 등산을 하면 건강해지고, 스트레스도 많이 감소됩니다. 한 번은 불암산에 올라가서 산 아래를 내려다 보는데 갑자기 "사람들이 사는 집들이 꼭 닭장 같다"는 생각이 들었습니다.

서울 노원구는 세계적으로도 유명한 아파트 밀집 지역이라고 하는데, 실제로 산 위에서 보면 아파트 숲이라는 말이 어울릴 정도로 많은 아파트들이 줄지어 서 있는 모습을 볼 수 있습니다. 그런데 그 모습이 마치 트럭 뒤편에 산더미처럼 쌓아 올린 닭장들을 보는 것 같다는 생각이 들었던 것입니다.

아파트 단지 안에 있을 때는 그것이 몇 평짜리 아파트 인지 상세히 잘 알 수 있습니다. 하지만 산 위에서는 바라보면 그것이 몇 평짜리인지도 구분하기 힘들 정도로 작아 보입니다. 그 수많은 아파트를 보면서 마음 한 편에 이런 생각이 났습니다.

"저런 좁은 공간 하나를 차지하기 위해 일생 자유롭지 못하게 살아가는 사람들이 얼마나 많은가? 그리고 저렇게 작은 것 하나를 자기 것으로 소유했다고 교만해 지는 어리석은 사람들이 얼마나 많은가?"

불암산 위에서는 서울시가 거의 한 눈에 다 들어옵니다. 그 아파트의 위치가 강남이든 강북이든 그렇게 큰 구분이 되질 않았습니다. 그저 거기서 거기일 뿐이었습니다.

자기 집 평수 자랑하는 사람들이나 자기 집 위치 자랑하는 사람들을 부러워 할 필요가 전혀 없습니다. 나는 '내가 소유한 것은 그들이 말하는 몇 백 평 아파트나 대지와는 비교도 할 수 없이 크다.'고 생각합니다.

나는 불암산을 하나님이 내게 주신 선물이라고 생각합니다.
불암산을 오르면서 나는 '나의 산'을 오른다고 생각합니다.
그러니까 불암산의 풀 한포기 나무 한그루도 소중하다고 여겨집니다.
사시사철 그 모습을 달리하는 불암산을 통해 나는 큰 휴식을 누립니다.
나는 불암산을 한 길로만 다니지 않습니다.
이 길, 저 길로 일부터 돌아다닙니다. 불암산의 지극히 작은 길까지 다녀보려고 합니다.
하나님이 내게 선물로 주신 산이라고 여기기 때문입니다.
마음속으로 나는 세상에서 가장 큰 정원을 가진 사람 중에 하나일 것이라고 생각합니다.

교인들에게도 이런 설교를 한 적이 있습니다.

"자기 집이 작고 협소하고 살기에 불편하다는 생각이 들면 밖으로 나와 불암산으로 올라가세요. 그리고 거기에 핀 풀 한 포기 꽃 한 송이도 다 하늘 아버지께서 나를 위해 피워 주신 것으로 생각하고 바라보세요. 누가 돈 받는 것도 아니지 않습니까? 자기 집 정원 꾸민다고 가져다 놓은 정원석들이 감히 이 불암산의 아름다운 바위들을 대신할 수 있겠습니까? 이 모든 것을 그냥 즐기면 되는 것입니다. 아버지가 우리에게 공짜로 주셨습니다."

마음먹기에 따라 모든 것이 크게 달라질 수 있습니다.

살고 있는 아파트가 좁다고 여겨진다면 하나님이 우리에게 주신 크고 넓은 정원이 있는 산으로 가 보십시오. 거기서 마음을 넓히세요. 내가 어디서 살고 있든지 하늘에서 보면 거기서 거기일 뿐입니다. 그저 한 눈에 보이는 장소에 불과할 뿐입니다.

그렇게 마음을 크게 먹고 산다면 삶은 온통 감사할 내용들뿐일 것입니다. 남과 비교하며 스스로 초라해지지 말고 하나님이 주신 세계를 누리며 감사하는 자세를 가져야 하겠습니다.

5
성경의 단 맛 가르쳐 주심에 감사

"감사의 제사는 말의 반복이 아니라 옳은 행위로 돌이키는 것이다."
- 김병년-

존 워너메이커가 세계 주일학교 연합회 총재로 선출된 후에 세계 주일학교 대회에서 전한 메시지 중에 이런 말이 나옵니다.

"저는 성경에서 구세주 되신 예수님을 만났으며, 주님 안에서 제 인생의 변화를 경험하게 되었습니다. 저는 연약하고 보잘 것 없는 인생이었지만 저의 힘과 능력이 되신 하나님을 신뢰하고 그분과 동행했을 때, 모든 두려움은 사라졌고 무엇이든 할 수 있는 용기와 확신을 얻게 되었습니다. 성경을 읽을 때마다 새로운 아이디어와 비전을 주신 하나님을 찬양합니다."

워너메이커는 그가 84세였던 1921년에 사업가로서 60년을 맞은 기념행사 자리에서 한 기자로부터 "회장님, 지금까지 투자한 것 중에 가장 성공적인 투자는 무엇이었습니까?"라는 질문을 받고 이런 대답을 했다고 합니다.

"내가 10살 때 최고의 투자를 한 적이 있지요. 그때 나는 2달러 75센트를 주고 예쁜 가죽 성경 한 권을 구입했어요. 이것이 내 인생에 있어서 가장 위대한 투자였습니다. 왜냐하면 그 성경이 오늘의 나를 만들었으니까요."(정광목사의 〈성경이 만든 사람〉 중에서)

나도 워너메이커처럼 성경이 주는 놀라운 은혜에 대해 감사하는 마음을 항상 안에 지니고 살고 있습니다. 나는 모태 신앙입니다. 우리 집안은 나까지 신앙생활 한지 4대째고, 지금은 조카들도 결혼해서 아이들을 낳았으니 이제 6대째 신앙생활을 하는 셈입니다. 그러니 어려서부터 자연스럽게 교회를 가까이했습니다. 교회는 내 놀이터였습니다. 초등학교 다닐 때까지 나는 교회 목사님을 이 세상 누구보다 훌륭한 분으로 알았습니다. 교회에서 나는 항상 성경 말씀을 들으면서 자랐습니다.

집에서도 마찬가지였습니다.

우리 집은 하루에도 몇 차례씩 가정예배를 드렸습니다. 할머니가 계실 때에는 손님이 오시기만 하면 예배를 드렸는데, 그때마다 나는 자연스럽게 성경을 접할 수 있었습니다. 아침마다 가정예배로 시작했기에 가정예배를 통해 성경을 통독한 것만 해도 수차례였습니다.

또한 할머니는 시간 날 때마다 양지바른 곳에 허리를 구부리고 앉으셔서 몇 시간씩 성경을 소리 내어 읽으셨습니다. 나는 어려서부터 할머니 무릎에서 성경말씀을 들었고, 부모님들은 성경 위인들의 이야기를 동화처럼 말씀해 주셨습니다.

이런 가정에서 자랐으면 마땅히 성경을 사랑하고 즐거워하는 자가 되었어야 했을 텐데, 나는 그렇지를 못했습니다. 사실 내게 성경은 너무나도 졸린 책이었습니다. 나는 동화책을 정말 좋아했습니다. 하루에 몇 권씩 읽어도 지루한 줄을 모를 정도였습니다. 그런데 이상하게도 성경은 펼치기만 하면 졸음이 왔습니다. 혼자서 세 장 이상 성경을 계속 읽는다는 것은 고문과 같이 여겨질 정도로 힘든 일이었습니다.

그래서 성경을 볼 때마다 이해가 되지 않는 말씀이 있었습니다. 바로 말씀을 "꿀과 송이 꿀보다 더 달다"고 표현한 것입니다. '이렇게 졸린 말씀이 어떻게 꿀과 송이 꿀 보다 더 달다고 할 수 있는가?' 하는 의문이 마음에서 떠나지 않았습니다.

중풍을 앓고 계시던 어머니가 나에게 신학을 공부하면 병이 나으실 것 같다는 말로 신학대학 입학을 권유하셨습니다. 총신대학에서 공부를 하고 또 졸업을 했지만 성경에 대한 나의 생각은 크게 달라지지 않았습니다. 신학대학을 졸업한 이후에도 성경은 나에게 여전히 즐겁게 읽을 수 있는 책이 아니었습니다. 지루하고 가까이 하고 싶지 않은 두꺼운 책일 뿐이었습니다.

이런 말도 안 되는 모습으로 나는 또 합동신학교에 진학했습니다. 아무런 소명도 또한 열정도 없는 상황에서 끌려가듯이 억지로 나는 신학공부를 계속하고 있었습니다. 그렇게 신학대학원 2학년 학생이 되었을 때였습니다. 김성수 교수님의 '구약 출애굽'이라는 과목을 수강했는데 강의가 시작되고 불과 5분 정도 시간이 지났는데, 갑자기 내 안에 엄청난 변화가 일어났습니다.

갑자기 성경이 하나님의 말씀이라는 사실이 믿어지기 시작했습니다. 뿐만 아니라 성경 전체를 통합하는 중요한 주제가 있다는 사실이 깨달아졌고, 내가 하나님께 설교자로 부르심을 받았다는 소명의식이 생겼습니다.

머릿속이 다 환해지는 느낌이었습니다. 그 시간이 지난 후 성경을 펼쳤습니다. 놀라운 일이 벌어졌습니다. 성경이 그토록 달 수가 없었습니다. 나는 무릎을 치며 성경을 읽기 시작했습니다. 그동안도 여러 번 성경을 읽었었는데, 이전에는 성경을 전혀 보지 못했던 것처럼, 구절구절이 새롭게 보이기 시작했습니다. 나는 성경을 손에서 놓을 수 없었습니다. 성경이 너무나 재미가 있었습니다. 불과 몇 일만에 신약과 구약을 다 읽을 수 있었습니다. 그렇게 두껍고 어렵게만 보이던 성경이 너무나 쉽고 재미있는 것으로 바뀐 것입니다.

그 후로 이상한 일들이 계속 일어났습니다. 교회 안에서 예수님의 십자가에 대한 말씀을 듣거나, 혹은 십자가와 관련된 공연을 보면 저절로 눈에서 눈물이 흐르기 시작했습니다. 너무나 갑작스러운 일이라 나는 크게 당황했습니다.

그 해 고난주간에 청년들이 예수님의 수난에 대한 촌극을 했습니다. 한 청년이 막대기에 수술 몇 개 붙여서 만든 로마병정의 채찍으로, 예수님 역할을 하는 다른 청년을 내리 치는 시늉을 하며 교회당 가운데 통로로 들어왔습니다. 예수님 역할을 하는 청년은 성가대 가운을 입고 있었습니다. 다른 때 같으면 나는 분명히 그들의 행동을 유치하다고 비웃었을 것입니다. 평상시에 나는 그런 어설픈 행동들을 별로 좋아하지 않는 편이었습니다.

그런데 그 날은 이상하게도 로마병정 역을 하는 청년이 그 엉터리 채찍으로 예수님 역을 하는 청년의 등을 치자 내 눈에서 눈물이 터져 나오기 시작했습니다. 전혀 생각지 못한 일이었습니다. 나는 흐느끼며 울었습니다.

청년들의 촌극은 계속되고 있었습니다.

로마 병정 역을 하는 청년이 예수님 역을 하는 청년을 강단 위로 끌고 올라가 가운데 세웠습니다. 예수님 역을 맡은 청년은 강단 가운데 두 팔을 벌리고 서 있었습니다. 그 청년의 손바닥 위에 병정 역할을 하는 청년이 자신의 손바닥을 겹쳐 놓고 다른 한 손으로는 박수를 치듯이 못을 박는 흉내를 냈습니다.

"짝 짝 짝 짝"

그것은 단지 손바닥 마주치는 소리였습니다. 예전 같으면 그저 유치해 보일 행동들이었습니다. 그런데 이상한 일이 일어났습니다. 그 손바닥 치는 소리가 심장을 울리며 귀에 들려왔습니다.

"쿵 쿵 쿵 쿵"

눈에서는 주체할 수 없을 정도로 많은 눈물이 쏟아졌습니다. 손수건을 두 개나 적실 정도로 그 날 나는 생각지도 못한 눈물들을 쏟아냈습니다.

그 후 거의 2년 동안 나는 예수님의 십자가에 대한 말씀만 들으면 눈물을 흘렸습니다. 흥미로운 사실은 내가 울려고 생각을 하지 않는 상황에서도 벌써 눈에 눈물이 흐르는 이상한 일들이 일어났다는 것입니다.

나는 성경 말씀을 사랑하는 사람이 되었습니다. 성경의 모든 말씀은 더 이상 내게 헛된 말들이 아닙니다. 이 모든 말씀이 사람을 변화시키고 놀랍게 사로잡아 생명력 넘치는 삶을 살게 만드는 생명의 양식입니다. 이 글을 읽는 모든 분들에게 분명히 말씀 드릴 수 있습니다.

"성경은 정말 꿀과 송이 꿀보다 더 답니다."

이 달고 단 성경의 맛을 알 수 있게 된 것이 너무나도 감사합니다. 그래서 목회하면서 나는 나와 함께 한 성도들에게도 내가 느껴 보았던 그 단맛을 꼭 함께 느끼게 해 드리고 싶은 마음이 있습니다.

주께서 당신에게도 이 성경의 단맛을 느끼게 하여 주셔서 늘 말씀 때문에 감사하며 사실 수 있었으면 좋겠습니다.

"사람이 많은 탈취물을 얻은 것처럼 나는 주의 말씀을 즐거워하나이다" (시 119:162)

6
능력 이상의 것들을 맡겨주심이 감사

"인생은 감사함을 깨닫는 여행입니다."
- 히스이 고타로 -

1992년에 담임목사가 되었습니다.

감사하게도 담임목사가 된 후 한 번도 교회는 멈추지 않고 계속 성장했습니다. 지금 생각해 봐도 어리고 미흡한 사람을 존중해 주고 따라준 성도들이 감사할 뿐입니다.

목회 초년에 나는 마음의 포부가 컸습니다. 81년부터 84년까지 신림동과 부평에 있는 교회들에서 교육전도사를 했습니다. 당시 내 모습은 정말 생각하기조차 부끄러울 정도입니다. 나는 그야말로 아르바이트 학생처럼 교회 일을 돌보았습니다. 그럼에도 불구하고 나는 참 많은 사랑을 받았습니다. 어쩌다 수요일 설교를 한 번 하면 성도들이 칭찬을 많이 해 주었습니다. 그런 칭찬을 들으면서 마음속으로 나는 '내가 목회를 한다면 아마 엄청난 대형교회를 순식간에 이룰 수 있을 거야.'라는 교만한 생각을 했었습니다.

그런데 시간이 흘러 정말 부친의 뒤를 이어 단독 목회를 하게 되었습니다. 그리고 교회는 순조롭게 부흥이 되고 있었습니다. 겉으로는 아무 문제도 없어 보였습니다. 그런데 막상 교회가 부흥되면서 상황은 달라지기 시작했습니다. 출석교인 수가 20-30명 정도에서 80여명이 넘어 가기 시작하면서 나는 점점 시간에 쫓기기 시작했습니다. 특히 장례식과 병원 위로심방 그리고 일상적인 방문전도와 매일 이어지는 새벽기도 말씀 연구 그리고 주일 낮밤으로 계속되는 설교와 수요일 설교 준비뿐만 아니라 제자훈련 등으로 나는 눈 코 뜰 새 없는 바쁜 사람이 되어 있었습니다. 그리고 점차로 강단에 서는 것이 무거운 짐이 되어 갔습니다.

어느 순간 나는 더 이상 이런 생활을 할 수 없을 것이라는 생각을 하기 시작했습니다. 그리고 나 자신이 목회자로 부르심을 입었다는 생각이 잘못된 것이 아니었을까 하는 생각을 하기 시작했습니다. 결국 나는 당시 원로목사로 계시던 아버지께 이렇게 말씀을 드렸습니다.

"아버지! 나는 더 이상 목회를 못하겠습니다. 저에게 맞지 않는 옷을 입고 있는 것처럼 불편해서 더 이상 견디기 힘듭니다. 성도들을 만나는 것이 너무 부담스럽고 힘이 듭니다. 차라리 다른 사업을 하겠습니다."

이미 은퇴하신 아버지께는 청천벽력 같은 말들이었을 것입니다. 아버지는 나를 다독거리시느라 애를 많이 쓰셨습니다. 하지만 일단 품은 생각은 좀처럼 없어지질 않았습니다. 주일이 돌아오는 것이 무서웠고 성도들을 만나는 것이 부담스러웠습니다. 나는 주중에 성도들을 돌보는 일을 내려놓고 이곳저곳을 돌아다니며 많이 방황했습니다.

"목회를 그만 둘 것인가? 계속할 것인가?"

그렇게 3개월 정도의 방황을 하면서도, 결국 결단력이 부족해서 교회를 벗어나지 못하고 그럭저럭 견뎠습니다. 그런데 목사의 이런 부족한 모습에도 불구하고 교회는 지속적으로 성장했습니다. 참으로 신기한 일이었습니다.

그렇게 힘든 시간들이 지나고 나자 서서히 마음이 안정을 되찾았습니다. 그리고 점차 모든 목회환경에 적응이 되기 시작했습니다. 더 이상 주위 상황들이 부담으로 느껴지지 않았습니다.

이 일을 통해 내가 깨달은 것이 하나 있었습니다. 내 목회의 한계는 80명이라는 것입니다. 내 힘으로 감당할 수 있는 목회는 80명 이상이 되지 못하고, 그 이상은 다 하나님의 은혜일뿐이라는 것입니다. 그러므로 나는 교만할 것이 없음을 깨달았습니다. 모두가 하나님이 행하시는 일인데 내가 교만하고 스스로 자랑할 것이 무엇이 있겠습니까?

나는 이미 80명 성도들일 때에 나의 한계를 보았습니다. 그 이상은 모두 나의 한계를 벗어난 일들이며 주께서 하시는 일들일 뿐입니다.

그래서 오늘도 나는 그저 주님의 은혜에 늘 감사할 뿐입니다. 능력 이상의 큰일들을 맡겨 주시고 감사함으로 일하게 해 주시기 때문입니다. 지금도 제가 과연 이 일들을 맡을 자격이 있는지를 항상 생각하게 됩니다. 그리고 그런 생각이 들 때마다 주께 감사드리게 됩니다.

아무 자격도 없는 무능한 종에게 큰일들을 맡겨 행하게 하시는 하나님을 늘 찬양합니다. 할렐루야!!!!

7
꿈을 이루어 주심이 감사

"감사는 당연한 것이지만 아무나 감사하는 것은 아닙니다.
받은 축복을 헤아리는 능력이 있는 사람만이 감사합니다."
- 장경철 -

꿈과 소망이 없다면 사람은 하루도 살기 힘들 것입니다. 삶에 꿈과 소망이 있다는 것은 너무나 큰 축복입니다. 비록 현실의 삶이 어렵고 힘들다 할지라도 꿈과 소망이 남아 있다면 견딜 수 있을 것입니다. 지난 시절 우리 집을 살펴보면 꿈과 희망이 얼마나 살아가는 데 중요한 역할을 하는지 알 수 있습니다. 만일 꿈과 희망이 없었다면 하루하루가 견디기 힘든 나날이었을 것입니다.

개척교회를 하시면서 아버지는 정말 많은 어려움을 겪으셨습니다. 무엇보다 힘든 일은 이리 저리 교회당 자리를 옮겨야 하는 수고를 반복해야 한다는 사실입니다. 그리고 교회당 월세를 내야 할 날짜는 어디서나 항상 너무나도 빨리 다가왔습니다. 교인이 별로 없었고, 헌금도 충분치 않던 시절이라 교회는 늘 어려웠습니다.

한 번은 교회 세를 낼 수가 없는 상황이 되고 말았습니다. 결국 아버지는 살고 있던 작은 집(답십리 산동네의 8평대지에 방 두 칸이었던 집)을 파시고 반 지하 전세 집으로 이사를 하셨습니다. 그렇게 해서 받은 돈 중에 전세 값을 제외한 비용은 교회 월세로 내 놓으셨습니다. 어려움은 거기서 끝나지 않았습니다. 나중에는 전세 집도 내 놓고, 보증금 1백만 원에 월세 10만원의 상계동 산골짜기 집으로 이사하게 되었습니다.

힘들었던 지난날을 생각해 보면 우리 교회가 하루하루를 버텨 온 것이 기적이 아닐 수 없었음을 깨닫게 됩니다. 그런데 그 힘들었던 하루하루를 견디게 한 힘이 있었습니다. 그게 바로 꿈과 희망입니다. 어려운 개척교회를 이끌면서도 아버지는 가끔 내게 당신이 꾼, 꿈 이야기를 하시곤 했습니다.

"금식 할 때 하나님이 정말 멋진 꿈을 보여 주셨는데....... 사방에서 수많은 사람들이 우리 교회를 향하여 나오는 꿈을 분명히 보여 주셨는데......"

나는 아버지의 꿈 이야기를 별로 마음에 두지 않았습니다. 현실과 너무나도 동떨어진 일로 생각되었기 때문입니다. 하지만 아버지는 이 꿈을 평생 마음속에 간직하고 사셨습니다.

2000년 추석에 어머니가 먼저 주님의 부르심을 받으셨습니다. 어머니가 70세가 되시는 해였습니다. 나는 어머니를 그때까지 사실 수 있도록 건강을 주신 하나님의 은혜에 감사했습니다. 40대 후반에 중풍으로 쓰러지신 후 불과 3,4일 정도밖에 못 사실 것이라고 했었는데 결국 성경에서 말씀하신 수명을 다하신 까닭이었습니다. 어머니가 돌아가신 후 2개월가량 아버지는 심근경색으로 병원에 입원을 반복하며 치료를 받으셨습니다. 어느 정도 몸을 추스르신 후 퇴원을 하셨는데, 그때가 바로 추수감사절이었습니다.

2000년 추수감사절은 나에게 잊을 수 없는 날이 되었습니다. 중계충성교회는 1997년에 지금의 교회당을 건축했습니다. 그 후에 IMF경제위기를 당하여 한 동안 극한 어려움을 당해야 했습니다. 하지만 그 어려움 속에서도 교회는 조금씩 성장했습니다. 그리고 마침내 2000년 추수감사절에 이르러 처음으로 예배당이 성도들로 가득 채워졌습니다. 그날 예배 시간 내내 나는 주체할 수 없는 감동에 사로잡혀 있었습니다.

건축한 후 늘 빈자리가 있던 예배당에 성도들이 가득 들어 차 예배드리는 모습을 보면서 교우들도, 나도 하나님께 감사하며 기뻐했습니다. 그날 교우들이 나를 이렇게 놀릴 정도였습니다.

"목사님! 오늘 설교하실 때 떨리셨죠? 제가 목사님 손이 떨리는 것 봤다니까요. 떠시는 모습 들키신 소감이 어떠세요?"

감동적이었던 그 추수감사절 날, 저녁예배까지 끝이 나고 성도들이 다 돌아간 후, 아버지와 나는 정말 오랜만에 긴 시간 대화를 나누었습니다. 아버지는 나보다도 더 그 날의 감격에 깊이 젖어 계셨습니다. 하루의 일을 떠올리시면서 감동으로 얼굴까지 붉어지실 정도였습니다.

내가 "아버지 기쁘시지요?"라고 묻자 아버지가 대답을 하셨습니다.

"그래! 정말 좋다. 내가 이 광경을 보려고 지금까지 살았나 보다. 하나님께서 꿈에 보여 주신 게 바로 이 광경이었나 보다. 하나님께서 우리 교회에 정말 많은 은혜를 주셨구나!"

그날따라 나는 아버지와 대화를 쉽게 끝낼 수가 없었습니다. 우리는 했던 말을 또 하고 또 하고 하면서 기쁨을 만끽했습니다. 그렇게 밤 12시가 가까워졌고, 아버지가 말씀하셨습니다.

"목사가 내일 새벽예배 인도하려면 피곤할 텐데 이제 들어가 자야지! 난 내일 좀 늦게까지 자야겠다. 깨우지 마라."

그런 말씀이 있었기에 나는 새벽예배에 나가면서도 아버지가 깨실까봐, 아버지가 주무시는 방을 들여다보지 못했습니다. 나는 새벽기도를 마치고 돌아와 동이 튼 아침에서야 아버지가 주무시는 방문을 열었습니다. 그리고 아버지의 누워계신 모습을 보고 나는 곧 알 수 있었습니다.

아버지는 더 이상 이 세상 사람이 아니셨습니다. 그렇게 아버지는 영면하셨습니다. 자신의 꿈이 이루어졌음을 보셨기 때문일까요? 더 이상 세상에 아무 미련도 남지 않으셨기 때문이었을까요? 아버지는 편안한 모습으로 하나님 곁으로 돌아 가셨습니다. 돌아가신 아버지를 생각할 때마다 나는 아버지와의 마지막 대화가 떠올립니다.

"내가 이 광경을 보려고 지금까지 살았나 보다. 하나님께서 꿈에 보여 주신 게 바로 이 광경이었나 보다."

아버지는 그 꿈을 기대하고 사셨고, 마침내 그 꿈이 이루어지는 모습을 보고 한없는 기쁨을 누리며 천국에 가신 것이라고 나는 믿습니다.

꿈과 희망이 없다면 정말 세상은 살기 힘든 곳이 될 것입니다. 그러나 꿈과 희망이 있기에 살만한 세상이 됩니다. 힘들고 어려워도 꿈과 희망을 붙잡고 조금 더 전진해야 합니다. 하나님이 주신 꿈은 반드시 이루어지기 때문입니다.

하나님께서 우리 아버지 마음에 교회를 향한 꿈을 주셨습니다. 그리고 마침내 그 꿈을 이루어 주셨습니다. 나는 이 놀라운 꿈을 주시고 이루어 주신 하나님께 늘 감사할 수밖에 없는 사람입니다.

8
치유의 은혜 주심에 감사

"감사하는 영혼은 무슨 일로도 뒤흔들 수 없고 불평하는 영혼은
어떤 도움으로도 평안할 수 없습니다."
- 조정민 -

살다보면 뜻하지 않게 어려운 일들을 만나게 됩니다. 그때마다 우리가 잊지 말아야 할 사실이 있습니다.

그것은 "하나님이 우리의 모든 문제를 능히 해결하실 수 있다"는 것입니다.

당신은 삶에 문제가 생기면 어디로 달려가 해결책을 찾으십니까? 바라기는 꼭 하나님을 찾아 나아가시기 바랍니다.

하나님께는 언제나 길이 있습니다.

하루는 집사람이 걱정스러운 얼굴로 말했습니다.

"목사님 이상해요. 몸속에 혹이 있나 봐요. 이것 좀 보세요. 이리 저리 움직이지요?"

집사람의 말을 듣고 자세히 살펴보니, 육안으로도 분명히 알 수 있을 정도의 큰 혹이 집사람이 몸속에 있었습니다. 겉에서 손으로 누르기만 해도 혹이 왔다 갔다 하는 것이 느껴졌습니다.

병원에 가서 검진을 받은 결과 몸 안에 정말 큰 물혹이 있다고 했습니다. 의사는 물혹의 지름이 15cm 정도나 돼서 내시경으로 다 볼 수도 없을 정도로 크다고 하면서, 빨리 수술을 해야만 된다고 말했습니다. 지름이 5cm이하는 약만으로도 마르는 경우들이 있지만 이렇게 큰 것들은 터지기 쉬워서 복막염과 같은 더 위험한 병으로 진행 될 수 있다고도 했습니다.

너무나 갑작스러운 일에 집사람과 나는 깜짝 놀랐고 크게 당황했습니다.

"갑자기 몸속에 15센티나 되는 물혹이라니 도대체 어떻게 된 거지? 더군다나 터질 위험이 있다니 정말이야?"

집사람과 나는 서울대학병원에서 다시 자세한 검사를 받아 보기로 했습니다. 그래도 결과는 같은 것이었습니다. 결국 서울대학병원에서 날을 잡아 수술을 하기로 했습니다.

집사람이 받은 마음의 충격은 엄청났습니다. 집사람은 두 딸아이를 모두 제왕절개를 통해 출산했습니다. 그래서 수술을 두려워하는 마음이 있었습니다. 그런데 물혹 때문에 또 수술을 해야 한다는 말을 듣고는 엄청난 스트레스를 받았습니다. 당시 집사람의 모습은 보기에 안쓰러울 정도였습니다. 하지만 어쩔 수 없이 담당의사와 만나 수술 날을 잡고, 그 날까지 우리는 함께 기도하기로 했습니다.

"하나님의 은혜로 수술받기 전에 이 혹이 그냥 마르게 하여 주시옵소서."

나는 날마다 집사람의 몸에 손을 얹고 기도를 했습니다. 3일 단식을 하고 기도하기도 했습니다.

그런데 수술 날이 다가오던 어느 날 병원에서 연락이 왔습니다. 갑자기 집도할 의사가 일본에 학회가 있어 갔으니 수술 일정을 다시 잡자는 것이었습니다. 이 연락을 받았을 때 우리는 화가 나기보다 기뻤습니다. 우리는 서로 이런 말을 했습니다.

"하나님이 우리에게 기도할 시간을 더 주시는가 봐!"

그때 우리는 물혹이 점점 작아지고 있음을 감지하고 있었습니다. 가까운 병원에 가서 진단을 받았는데 혹이 많이 작아졌다고 했습니다. 우리는 더 기도에 힘을 썼습니다.

그런데 어느 날 집사람이 말했습니다.

"목사님 혹이 없어졌나 봐요!"

만져 보니 전과 같은 혹의 움직임이 느껴지질 않았습니다. 그리고 검사해 보았을 때 정말로 혹은 사라지고 없었습니다. 우리는 크신 하나님의 은혜에 감사했습니다. 하나님이 치유하여 주신 것이었습니다. 우리는 수술 날짜가 다 되어 의사가 학회에 가게된 일도, 다른 병원에 가서 다시 한 번 진단을 받아 보게 된 것도, 우리에게 기도할 시간을 더 주시기 위한 하나님의 특별한 섭리요, 배려였다고 확신합니다.

당시 우리는 모두 영육 간에 지쳐 있었습니다. 몸이 불편하신 어머니를 사택에서 모시고 살고 있었을 뿐 아니라, 교회 건축 부채에 쪼들리느라 정신이 없었습니다. 그런데 이 물혹 사건(?)으로 인해 우리는 기도할 수 있었고, 결국 하나님의 은혜를 크게 체험할 수 있었습니다. 이 일로 고난당한 것이 도리어 우리 신앙에 유익이 되었습니다. 그로 인해 우리는 살아계신 하나님의 위대하심을 다시 한 번 깨달을 수 있었습니다.

혹시 삶에 어려움이 있으십니까?

낙심하지 말고 하나님을 붙잡으시기 바랍니다. 하나님은 당신이 겪고 있는 그 어려움을 능히 이기게 하실 수 있으십니다. 그 어려움을 도리어 은혜의 기회로 만들어 주실 수 있으십니다.

그러므로 문제가 있을 때 우리가 가장 먼저 달려가 하소연을 해야 할 분은 하나님이십니다. 하나님은 우리가 안고 있는 모든 문제를 가장 아름답게 해결해 주실 것입니다. 이 사실을 믿고 어떠한 상황에서도 낙심하지 맙시다.

"아무 것도 두려워하지 말고 오직 기도와 간구로 너희 구할 것을 감사함으로 하나님께 아뢰라 그리하면 모든 지각에 뛰어나신 하나님이 평강이 그리스도 예수 안에서 너희 마음과 생각을 지키시리라"(빌립보서 4:7)

이미 오래 전에 지나간 일이지만 당시 일을 생각할 때마다 안도의 한 숨이 쉬어지면서 하나님의 은혜가 감사하게 됩니다.

"여호와 라파 여호와 라파 주님 나를 치료하셨네.

여호와 라파!"

9
더 나은 것 주심에 감사

"눈 앞의 작은 일에 감사하게 된 순간부터
인생의 쾌속 행진이 시작됩니다."
- 히스이 고타로 -

     지금의 중계충성교회 자리를 계약하기 전에 우리는 두 번이나 다른 교회 부지를 계약했다가 해약 한 적이 있었습니다. 우리와 부지매매계약을 했던 목사님들이 사정을 해서 해약을 해 주어야만 하는 안타까운 일들이 벌어진 것입니다. 우리는 교회들과의 계약이었기에 위약금도 받지 않고 그냥 해약을 해 주었습니다. 그렇게 계약들이 해지 된 후에, 나는 마음속으로 많이 실망하기도 했었습니다.

  처음 교회 부지 계약이 이루어졌을 때 우리 교인들은 말할 수 없이 기뻐했습니다. 여러 교우들이 함께 계약이 성사된 예배당 부지에 가서 눈물로 기도하고 찬양하고 선포하기까지 했습니다.

"주께서 우리에게 큰일을 행하셨습니다. 주님은 우리의 오랜 간구를 들으셨습니다."

그런데 그것은 우리의 생각이요, 우리의 말이었을 뿐 하나님의 뜻은 아니었습니다. 그렇게까지 하고 난 후에 상대 교회 목사님이 찾아와서 자신이 성도들에게 쫓겨날 위기에 처하게 되었노라고 사정을 호소하면서 계약을 해지해 줄 것을 요청하니 도저히 그 부탁을 거절할 수가 없었던 것입니다. 그래서 그 요구대로 계약을 해지하고 나니 우리가 그 교회당 부지에서 한 모든 일들은 코미디, 우스개가 되어 버렸고, 목사로서 나의 말에는 조금도 권위가 설 수 없는 위기 상황이었습니다.

두 번씩이나 계약이 되었다가 다시 해약이 되자, 나는 가슴이 답답해서 견딜 수가 없었습니다. 하지만 내가 할 수 있는 일은 기도 외에 아무 것도 없었습니다.

"주님 우리가 종교 부지를 계약하고자 하는 것이 욕심인가요? 우리를 제발 이 지하실에서 빠져 나갈 수 있도록 인도해 주십시오. 만일 이 지하실에서 계속 목회를 해야 한다고 명령하신다면 하겠습니다. 하지만 기쁘게 목회 할 수 있도록 해 주십시오. 제가 목회가 기쁘지 않은 데 어떻게 성도들에게 기뻐하라고 할 수 있겠습니까?"

나는 집사람과 몇 명의 성도들과 함께 매일 새벽과 밤으로 기도를 했습니다. 그러던 중에 당시 노원구에서 기독교서적을 운영하던 집사님으로부터 지금의 교회 부지를 계약할 의사가 있느냐는 문의가 들어왔습니다. 참으로 원했던 바였지만 나는 선뜻 대답 할 수가 없었습니다. 왜냐하면 두 번이나 이미 해약한 경험이 있었고, 이번에도 제대로 계약을 성사시키지 못한다면 더 이상 목회를 할 자신이 없었기 때문입니다.

나는 그 집사님에게 말했습니다.
"그 분이 우리 지하실 예배당 전부를 중도금 명목으로 받겠다고 한다면 그것이 하나님의 뜻인 줄 알고 계약을 하겠습니다."
그 말을 듣자, 소개를 한 집사님이 어이없다는 웃음을 지으며 말했습니다.
"아니 목사님 누가 멀쩡한 땅을 주고 이런 지하실을 중도금으로 받으려 하겠습니까?"
생각해 보니 '나'라도 절대로 그렇게 하지 않을 것 같았습니다.
그래도 나는 그 집사님에게 "만일 그렇다면 그 땅은 하나님이 우리에게 주신 것이 아니겠지요."라고 말할 수밖에 없었습니다. 가슴은 쓰라렸지만 나는 이번에는 정말 그 땅을 계약하는 것이 하나님의 뜻인지에 대해 분명한 확신을 가지고 일을 추진하고 싶었습니다.
그런데 놀랍게도 크게 기대하지 않았던 일이 벌어졌습니다. 그 분이 우리 지하실 교회당을 중도금명목으로 받기로 하고 그 땅을 우리에게 넘기기로 한 것입니다.
결국 하나님이 예비하신 곳이 있었습니다.
그리고 그곳은 우리에게 가장 좋은 곳이었습니다. 그곳은 타종교 몫으로 나온 부지였습니다. 그런데 그 부지에 교회당을 짓게 되었습니다. 그리고 우리가 기존에 가지고 있던 지하실 전부를 그분에게 넘길 수 있었기에, 우리는 이전에 해약이 된 두 번의 계약들 보다 훨씬 더 좋은 조건으로 예배당을 건축할 수 있는 여력을 가질 수 있었습니다. 이 모든 일들은 거의 기적이었습니다. 하나님이 기다리게 하신 데에는 다 이유가 있으셨습니다.

이 일을 겪으면서 나는 주께서 제자들에게 하신 말씀을 떠올렸습니다.
"너희 믿음이 어디 있느냐?"
어려울 때마다 이 질문이 뇌리를 떠나지 않습니다. 정말 나는 믿음이 있는가 하는 고민을 늘 마음에 품게 됩니다.
아브라함에게 독자 이삭을 제물로 드리라 하신 하나님께서는 이미 아브라함을 위해 더 좋은 인생 계획을 세우고 계셨습니다.
"결국 하나님은 말씀대로 살아가며 기다리고 인내하는 사람들에게 마침내 가장 좋은 것, 더 좋은 것들을 허락하십니다."
때로 한 가지를 잃어버리면 그것으로 다 끝난 것처럼 생각이 들 때가 있지 않으십니까? 그럴 때마다 이 사실을 떠올릴 수 있다면 힘이 될 것입니다.
'하나님은 능히 더 나은 것으로 나의 삶을 채우실 수 있다.'
그러기에 늘 우리를 위해 우리보다 더 최고의 삶을 계획하시고 허락하실 하나님의 은혜가 더욱 감사하지 않을 수 없습니다.

10
도울 자들을 일으켜 주심에 감사

"인생의 시련도 우리의 감사를 회복하려고 하시는
하나님의 은총적 배려일 것입니다."
- 장경철 -

목회하면서 잊을 수 없는 분들이 여럿 있습니다. 그 중에 한 분이 이미자 집사님입니다. 이천에 사는 자녀를 돕기 위해 교회를 옮겨가셨지만 함께 교회를 섬기던 시절에 그 집사님의 교회와 목회자를 향한 헌신과 사랑은 정말이지 대단했었습니다.

원래 이 집사님은 신앙과는 거리가 먼 분이었다고 합니다. 여자 분이신 데도 술 마시면 주사가 심했고, 담배도 많이 피우다 보니 그 불로 자녀들이 사다 준 옷이나 이불에 구멍을 숭숭 뚫어서 자녀들로부터 원성을 사는 일들이 많았다고 합니다.

그러던 분이 아들의 전도를 받아 교회를 다니게 되었고, 주님의 사랑을 알게 되었습니다. 그야말로 큰 은혜를 받은 것입니다. 그 후로 자신의 지난 과거를 한심스럽고 안타깝게 여기며 회개하고, 남은 인생이라도 주를 위해 살아야 한다고 생각해서 최선을 다해 봉사를 하게 되셨다고 합니다.

우리 교회에 등록하고 함께 신앙생활을 한 5년간 그 집사님은 새벽기도회 강단에 누가 시키지 않았어도 마실 물을 올려놓았습니다. 물과 함께 올려놓는 수건은 항상 삶아서 정갈하게 세탁을 한 것이었습니다. 혼자서라도 교회당 청소를 매 주마다 하셨습니다. 지하실로 내려가는 계단의 노란 신주 부분들을 항상 광이 나게 닦으셨습니다. 그 집사님의 거친 손마디마디는 오랜 농사일과 봉사로 모두 휘어져 있었습니다.

교회에서 그 집사님께 사례를 드린 일이 없었습니다. 하지만 놀랍게 그 집사님은 자기 집에서 교역자들이 먹을 밥과 반찬을 준비해 와서 점심 식사를 대접해 주었습니다. 상당히 오랜 시간 동안 그 집사님은 자신의 것으로 교역자들을 섬겨 주었습니다. 때때로 특별식(예를 들자면 보양식과 같은 것)까지 준비해서 대접을 했습니다.

우리는 그 집사님이 이런 일을 하실 때마다 "집사님 힘드신 데 뭐 이런 일까지 하세요? 집에서 뭐라고 하지 않으세요?"하고 걱정을 하곤 했었습니다. 그러면 집사님의 대답은 한결같았습니다. "교회에서 제가 하는 일은 자식들이 더 좋아해요."

그 집사님은 개척교회를 하고 있던 젊은 목사인 나에게 정말 큰 위로자이셨습니다.

항상 전형적인 시골 아낙의 걸음걸이로 휘적휘적 걸으시면서 날마다 교회에서 봉사하시던 집사님이 아들을 따라 이천으로 내려간다고 했을 때 우리는 정말 아쉽다는 생각을 했습니다.

"내 일생의 목회 가운데 이런 봉사자를 과연 몇 분이나 만날 수 있을까?"를 생각하곤 했습니다.

개척교회가 조금 힘들기는 했지만 이런 교우들이 있었기에 정말 행복했습니다. 이런 교우들을 만나게 해 주신 주님께 나는 정말 감사하지 않을 수 없습니다. 주께서 당신의 삶에도 늘 도울 이들을 일으켜 주셨으면 하는 바람입니다.

Everyday, Good day!!!

11
돕는 배필로 인한 감사

"행복은 감사하며 살아가는 사람만이 누릴 수 있다.
왜냐하면 감사하는 순간만큼은 모든 것이 충만하고 온전해지며
부족한 게 없다고 생각되기 때문이다."
- M.J.라이언 -

　　　목회자에게 성도들의 이름을 기억하는 일은 대단히 중요합니다. 성도들은 목회자가 그 많은 사람들 중에서 자신의 이름을 기억해 줄 때에 깊이 감동합니다. 그래서 대부분의 목회자들은 성도들의 이름을 외우기 위해 최선의 노력을 기울입니다.

　하지만 나는 유난히 사람들의 이름을 기억하지 못합니다. 가끔씩은 절친한 친구들의 이름조차 가물가물할 때가 있을 정도니, 수천 명에 달하는 성도들의 이름을 기억한다는 것은 보통 힘든 일이 아닙니다.

성도들을 알아보기 위해 교우 수첩을 옆에 비치해 두고 매일 열어 보기도 하고, 혹시라도 심방을 갈 때면 수차례씩 그 이름은 암기해 보기도 하지만 심방하는 성도의 집 문 앞에서 다시 그 이름이 생각이 나지 않은 적도 있습니다. 교인을 위해 기도하려고 교적부의 이름을 미리 확인하고 기도하던 중에 그 이름이 생각나지 않아서, 다른 성씨로 기도함으로 교인의 마음에 상처를 주는 경우도 종종 있을 정도입니다.

이건 무슨 치매 현상도 아니고, 도대체 나도 나 자신이 이해가 되질 않습니다.

이렇게 성도들의 이름이 잘 기억나지 않을 때 목사는 정말 당황스럽습니다.

'저분이 혹시 오해하지는 않았을까? 자신을 기억하지 못한다는 것 때문에 시험에 들지는 않을까?' 하는 생각에 긴장하게 됩니다.

다행히도 집사람은 나와 많이 다릅니다. 사람들의 이름을 잘 기억하는 편입니다. 물론 저절로 그런 것은 아니고 정말 성도들의 이름을 기억하기 위해 많은 노력을 기울입니다. 항상 등록하는 성도들의 사진을 인쇄해서 품에 지니고 다니며 이름을 외우려고 애를 씁니다. 집사람이 나의 부족한 부분이 무엇인지 알고 그것을 채워주기로 한 모양입니다.

이런 노력 덕분인지 집사람은 성도들의 이름을 정말 잘 기억합니다. 심지어는 그 가정의 아이들 이름까지도 기억해서 불러 주는 경우들이 많아서 저를 놀라게 합니다. 사모가 자기들의 이름을 알아주었을 때에 성도들은 많이 놀랍니다.

"이 많은 사람들 중에 사모님이 어떻게 나를 아세요?"

이런 집사람 덕분에 성도들에 대한 미안한 마음을 조금은 덜어낼 수 있습니다. 시간이 갈수록 목회자 사모의 역할이 중요하다는 생각을 하게 됩니다.

얼마 전에 독일의 종교개혁지를 탐방한 적이 있었습니다. 우리는 비텐베르크에 있는 루터의 집도 방문했었습니다. 루터의 집에는 흥미로운 문이 하나 있었습니다. 그 문은 루터의 아내인 카타리나 보라가 루터가 종교개혁을 하면서 힘겨워 할 때 그를 격려하기 위해 특별히 만들어 준 문이라고 했습니다. 저는 그 문 앞에 서 있는 루터의 아내인 카타리나 보라의 동상을 보면서 "위대한 개혁자 곁에 좋은 아내가 있었구나!"라는 생각을 했습니다.

사실 삶에서 나의 부족한 부분을 채워 주는 아내를 얻는다는 것이 얼마나 큰 축복입니까? 그것이 참으로 감사한 일이 아닐 수 없습니다. 종교개혁지를 탐방하는 중에 계속해서 숙소를 옮겨 다녀야 했습니다. 그때 「부부의 여행」이라는 글을 썼습니다.

30년만의
첫 부부 유럽여행
아내는 널부러진
짐들을 정리하고

남편은 그 속에 담긴
사연을 정리한다.

손발이 척척 들어맞는다.

매일 이동을 해야 하는 상황에서 조그마한 가방 두 곳에 짐들을 정리하여 넣느라고 아내는 많은 어려움을 겪었습니다. 하루는 아내가 짐을 정리하는 동안, 나는 곁에서 어제 하루 일어난 일들을 노트하고 있었습니다. 그 상황이 재미있어서 적어본 글입니다.

돕는 베필이 함께 한다는 사실이 얼마나 귀한 일입니까? 그 사실에 대해 늘 감사하십니까? 주께서 내 곁에 돕는 아내를 붙여 주셨음이 진심으로 감사합니다.
나는 지금 내 곁에서 센스 있게 성도의 이름을 먼저 불러 주며, 나를 당황하지 않게 해 주는 아내를 정말 고맙다고 생각하며 살고 있습니다.

12
이해심 많은 아내 주심 감사

"가장 많이 감사하는 사람이 가장 큰 축복을 받은 것입니다."
- 조정민 -

　　　　휴대폰 전화에서 이제는 스마트 폰으로 모든 것이 급변하는 세상입니다. 사람들은 세상이 살기 좋아졌다고 합니다. 하지만 나는 핸드폰이 바뀔 때마다 많이 불편을 느낍니다. 바뀌는 전화번호들을 기억하는 데 정말로 많은 노력이 필요하기 때문입니다.

　집사람과 딸들이 각자 핸드폰을 갖고 있고, 이삼 년에 한 번씩은 핸드폰이 바뀌는 추세다 보니, 숫자를 잘 기억하지 못하는 나로서는 그 번호들을 기억하는 게 보통 어려운 일이 아닙니다.

　그래서 일단 핸드폰이 바뀌면 그냥 단축번호기능을 사용해 1번에 아내의 번호를, 2번은 큰 딸, 3번은 작은 딸 하는 방식으로 단

순하게 번호를 저장해 둡니다.

　나는 사람 이름뿐 아니라 숫자들도 기억을 잘하지 못하는 편입니다. 인터넷으로 은행거래를 하다보면 자주 비밀번호를 바꾸는 데 이런 번호들을 잊어버리기 일쑤입니다. 그러다 보니 다시 은행을 찾아 본인 증명을 하고 번호를 바꾸는 경우들도 몇 차례 있었습니다.

　또한 요즘은 아파트 문에도 비밀번호 열쇠들이 설치되어 있어서 항상 숫자들을 기억해야 하는 데, 그 번호들도 가끔씩 변경이 되니 숫자가 많은 세상이 정말 살기 힘들다고 여겨집니다. 숫자를 잊어버리고 집 문 앞에서 집사람에게 전화를 걸어야 하는 때에는 정말 속이 많이 상합니다.

　한 번은 깜박 잊고 핸드폰을 갖지 않은 채 외출을 했습니다. 그런데 급하게 집사람에게 물어 볼 일이 생겼습니다. 나는 옆에 있던 분의 핸드폰을 빌려 집에 전화를 했습니다. 다행히 집 전화번호는 상당히 오랜 시간 동안 변하지 않고 있었습니다. 20년 넘도록 중계동에만 살고 있기 때문입니다.

　그런데 집사람이 전화를 받지 않았습니다. 빨리 집사람에게 물어볼 일이 있는데, 집에서 전화를 받지 않으니 핸드폰으로 연락을 해야 할 수밖에 없었습니다. 그런데 문제가 생긴 것입니다. 내가 집사람 핸드폰 전화번호를 기억하지 못하고 있었던 것입니다. 이 번호 저 번호 눌러 보았지만 결국 연락이 되지 않았습니다. 하는 수 없이 나는 교회로 전화를 했습니다. 그리고 전화를 받은 부목사님에게 물었습니다.

"목사님! 우리 집사람 핸드폰 번호가 몇 번이지요?"

이런 일은 우리 집사람에게는 숨기고 싶은 일입니다.

그러나 집사람도 알고 말았습니다. 참 많이 속상할 일인데 우리 집사람은 별로 놀라지도 않았습니다. 내가 그런 인간(?)인 줄을 너무나 잘 알고 있었기 때문입니다.

나는 할 말이 없었습니다. 아내의 핸드폰 번호 하나 제대로 알지 못하다니 이게 어찌 제대로 된 남편인가요? 집사람은 나를 이렇게 부릅니다.

"간 큰 남자"

하지만 이런 나도 세상 살아가라고, 그 모든 것을 포용해 주는 이해심 많은 아내를 주셨으니 하나님은 참으로 놀라운 분이심이 분명합니다. 그래서 하나님이 더욱 감사합니다.

13
우리의 말을 들으심이 감사

"천국에는 감사밖에 없습니다."
- 박윤선 -

주일 아침에 그동안 먹던 비타민 영양제가 떨어졌습니다. 집사람과 함께 교회에 오는 길에 영양제가 떨어진 이야기를 나누었습니다. 예배가 끝날 무렵에 집사님 한 분이 담임 목사실의 문을 두드렸습니다.

"집사님 무슨 일이세요?"

"지난 번 유럽에 갔다 오면서 목사님 사모님 생각이 나서요."

집사님이 작은 봉투에 담긴 선물을 주고 가셨습니다.

집사람과 나는 서로 바라보면서 이런 말을 나누었습니다.

"당신 생각에 뭐 같아?"

"영양제요?"

"그래. 나도…"

우리는 집에 와서 그 선물을 열어 보았습니다. 그리고 정확하게 아침에 떨어진 그 영양제와 동일한 영양제가 담겨 있는 것을 보았습니다.

집사람과 나는 서로 웃으며 이런 말을 했습니다.

"하나님은 귀도 밝으시지?"

사실 목회를 하다가 이런 일을 정말 여러 번 경험했습니다. 화장품이 떨어졌을 때에도 내가 잘 쓰는 화장품을 선물로 받을 때가 많습니다. 누구에게도 내가 쓰는 화장품에 대한 이야기를 한 적이 없지만, 화장품이 떨어질 무렵이면 어떻게 알았는지 그것을 선물로 주는 경우들이 있는 것입니다.

이런 작은 일들만이 아닙니다.

주변에 우리 교회가 교육관으로 꼭 사용하고 싶은 좋은 유치원자리가 있었습니다. 우리는 이것을 위해 오랫동안 기도했습니다. 나는 장로님들에게 그곳을 구입하고 싶다는 말을 누차 했었습니다.

그러던 어느 날 장로님 한 분이 "그곳을 방문해 볼까요?"라고 물었습니다. 나는 꼭 방문해 보시라고 했습니다. 그런데 놀랍게도 우리 장로님이 그곳을 방문한 그날, 그 건물을 팔려고 사람들이 모여 회의를 하고 있었다고 합니다. 그리고 결국 여러 우여곡절 끝에 지금은 그곳을 우리가 구입해서 별관으로 사용할 수 있게 되었습니다.

이런 일도 있었습니다.

교회에서 사회복지 사업을 추진했습니다. 물론 전 교인들이 함께 서로 논의 한 것이 아니라, 단지 당회에서 먼저 이야기가 나온 정도였습니다. 놀랍게도 한 집사님 가정에서 자신의 집을 사회복지사역을 위해 헌신해 주었습니다. 십수억에 해당하는 건물이었습니다.

생각만 해도 하나님은 모든 것을 우리에게 주시는 것을 경험합니다. 목회를 할수록 더 자주 고백하게 되는 말입니다.

"우리 하나님은 귀도 밝으시다."

이 사실을 알기에 함부로 말하기가 겁이 나기도 합니다.

그러면서 또한 너무나 감사한 마음이 생깁니다. 도대체 우리 같은 우주의 먼지와 같은 인생들의 소리에 하나님이 항상 귀를 기울이고 계시다니 생각만 해도 놀랍지 않습니까?

"제 말을 들어 주시니 하나님 정말 감사합니다. 와우!^^"

14
사람들의 입으로 찬송받으심이 감사

"주님의 은혜를 향한 최고의 감사 표현은 주님이 우리를
구원해 주신 소명을 따라 사는 것이다."
- 김남준 -

국민일보에 실린 조대현 헌법재판관의 퇴임사 내용이 마음에 감동이 됐습니다. 그는 "하나님께서 부족한 저를 헌법 재판관으로 세우시고 두려워 도망가고 싶을 때 사명감과 용기를 주셨고 어둠 속에서 헤맬 때 지혜를 주셨습니다."라고 고백했습니다.

그는 재판관 6년을 마치는 자리에 서니 감사한 마음이 가득하다면서 "언제나 앞장서 저를 이끌어 주신 하나님의 사랑과 은혜 덕분에 헌법 재판의 중책을 감당할 수 있었다"고 했습니다.

그는 또한 힘들고 어려울 때마다 "밤낮으로 고민했고 일반인들의 의견을 물었을 뿐 아니라, 새벽마다 하나님께 지혜를 구했

다."고도 했습니다. 그는 개포감리교회의 장로로 제직 중이라고 합니다.

사실 공직을 퇴임하면서 자기를 환송하기 위해 여러 사람이 모인 자리에서 자신의 종교적 색체를 드러내고 자신이 섬기는 신에게 일부러 감사하려고 하는 사람들은 많지 않을 것입니다. 일반적으로는 자신의 업적에 대하여 간단하게 정리하고 뒷일을 후임자에게 부탁한다느니 하는 식의 상투적인 말들을 남기는 것이 상식입니다. 그러나 그는 이런 자리에서 남들이 기분 좋지 않게 생각할 수도 있음을 분명히 알 터임에도 불구하고 굳이 자신의 신앙을 드러낸 것입니다.

이렇게 공적인 자리에서 하나님의 은혜를 높이는 신앙인들을 종종 찾아볼 수 있습니다.

바로 지난 US여자오픈에서 유소연 선수는 서희경 선수와 연장전까지 가는 치열한 경기 끝에 역전우승을 하는 기쁨을 맛보았습니다. US여자오픈은 미국 LPGA경기 중에서도 가장 명예로운 메이저대회로 알려져 있습니다. 그런데 이 경기에서 우승한 직후에 유소연 선수도 가장 먼저 하나님께 감사의 기도를 드렸습니다. 그리고 자신의 우승 소감을 말할 때에도 "믿을 수 없는 일이 일어났다. 하나님께 감사드린다."고 했습니다.

지난 차이코프스키 콩쿠르는 한국 잔치였다고 합니다.

남녀 성악부분에서 한국 성악가들이 동반 우승을 한 것입니다. 이번에 한국 여성으로 최초의 우승자가 된 서신영씨는 국민일보와의 인터뷰에서 이렇게 소감을 말했습니다.

"인간의 힘으로는 도저히 할 수 없는 일이었어요....하나님이 하셨다는 말 외에 표현할 방법이 없습니다."

그저 믿는 척 하는 마음으로는 공중 앞에서 이런 고백을 하는 것이 결코 쉽지 않을 것입니다. 그러나 범사에 하나님의 은혜를 의지하는 사람들이라면 언제라도 이런 고백을 할 수 있을 것임이 분명합니다.

60세를 넘어 퇴임을 하는 판사도, 이제 갓 21살을 넘은 젊은 스포츠 스타도, 예술을 하는 성악가도 이렇게 하나님의 은혜에 감사하는 모습을 보면서 우리나라의 미래가 여전히 밝다는 생각을 해 보았습니다.

이들의 모습은 믿음이 세대를 뛰어넘어 지속되고 있음을 보여주는 것 같아서, 또한 삶의 모든 영역에 그 영향을 미치고 있는 것 같아서 기쁨을 주었습니다. 그래서 나도 이들 때문에 다시 한 번 하나님께 찬양하지 않을 수 없었습니다.

그리고 내가 믿고 의지하는 하나님이 세상 모든 사람들로부터 찬양을 받으시고 계시다는 사실 때문에 너무나 감사했습니다. 하나님이 조롱과 모욕의 대상이 아니라 찬양의 대상이 되신다는 것이 얼마나 행복한 일입니까?

"사람의 입으로 영광 받으시는 하나님으로 인해 감사합니다."

15
우리를 위대한 작품으로 만들어 주심 감사

"감사는 크리스천의 기본적인 삶의 태도입니다."
- 김선도 -

반 고흐의 미술 전시회를 갔습니다.

그런데 거기 내 눈길을 특별히 잡아끄는 한 그림이 있었습니다. 그 그림 앞에서 나는 한 동안 생각에 잠겼습니다. 그 그림은 길거리에서 흔히 볼 수 있는 아주 보잘 것 없는 찌그러진 깡통을 그린 것이었습니다.

그림 속의 깡통은 색채도 바란 것처럼 선명하지 않았고, 보잘 것 없는 모양새에 초라하기까지 했습니다.

나는 '왜 이 미술가는 저렇게 보잘 것 없는 깡통을 그렸을까? 또 어떻게 이런 초라한 깡통이 화려한 조명이 비추어지는 유명 전시회에 걸릴 수 있는 것일까?'라는 생각을 하며 한참 동안 그 깡통을 바라보았습니다. 그런데 점차 내 눈에 그 그림 속 깡통의 모습이 구석구석 보이기 시작했습니다.

그 깡통의 찌그러진 모습과 상표 그리고 그 라벨에 쓰인 글귀 등등이 눈에 뜨였습니다. 저는 그것들을 통해 이 깡통이 무엇에 사용된 것인지, 그리고 또한 어떻게 사람들의 손에서 찌그러졌을 지, 또한 어떤 과정을 통해 저렇게 녹슨 자리가 생겼을 지에 대해 이런 저런 생각을 했습니다.

그렇게 그림 속 깡통을 바라보는 중에 갑자기 '이 깡통 정말 출세했네!' 라는 생각이 들었습니다. 그 깡통은 그저 버려져서 사람들의 발에 짓밟히고, 깡통 쓰레기 더미에서 비를 맞으며 녹슬다가 결국 녹아서 다른 물건으로나 재생되었을 물건에 불과했습니다. 그런데 어쩌다 한 미술가의 눈에 뜨인 것입니다. 미술가가 그것을 그림으로 남김으로 깡통은 자신의 마지막 모습을 세상에 남기게 되었습니다. 그리고 갑자기 많은 사람들의 주목을 받게 되었습니다. 아무도 주목해 주지 않았던 깡통인데 이제는 세인이 보고 감상하는 존재가 된 것입니다. 그것도 한 시대를 넘어 오랜 시간 동안 그 모습을 사람들이 보존해 주며 기리는 존재가 된 것입니다. 이런 생각을 하면 정말 놀랍지 않습니까? 이 깡통은 정말 출세한 것입니다.

그 깡통이 미술가의 손에 들려지기 전에는 그 깡통의 모양이나 색 혹은 그 사용에 대하여 의미 있게 생각하는 사람들은 아마 없었을 것입니다. 그러나 미술가가 일단 그것을 그려 액자에 넣어 사람들 눈앞에 전시하자 수많은 미술 관람자들이 그 그림을 보며 다양한 생각을 할 수 있게 된 것입니다.

흥미로운 것은 미술가의 손에 들려진 그 깡통은 분명히 존재하였던 깡통입니다. 하지만 이제 그림속의 깡통은 이전과 동일한 깡통이 아닙니다. 그것은 미술가에 의해 새롭게 조명된 새로운 피조물인 것입니다. 저는 거기서 '이것이 미술의 힘이구나!' 라는 생각을 했습니다.

그리고 마음속에 이런 깨달음이 생겼습니다. 바로 우리에게도 이 깡통에게 일어난 일과 같은 놀라운 일이 일어났다는 것입니다. 하나님은 버려진 깡통과 같은 존재인 우리들, 그래서 아무도 주목하지 않을 먼지와 같은 우리들을 은혜로 주목해 주셨습니다. 사람들이 별로 주목하지 않던 우리의 모든 상처와 아픔 그리고 우리 삶의 모든 이력들과 개성들 하나하나를 주목해 주셨습니다. 그리고 그 모든 것들이 도리어 영광스러운 것이 될 수 있도록 새로운 피조물로 우리를 빚어주신 것입니다. 이것이 바로 하나님의 은혜인 것입니다. 하나님은 위대한 미술가와 같이 우리의 삶을 완전히 새롭게 해 주신 것입니다.

사라질 깡통이 미술가에 의해 오랜 세월 사라지지 않고 귀한 저장고에 그 모습이 보존된 것처럼 우리는 하나님의 손에 의해 영생을 얻게 되었습니다. 아무 가치가 없던 깡통이 미술가의 손에서 모든 사람들의 주목을 받는 매우 귀중한 깡통으로 변한 것처럼, 우리도 하나님의 손에서 가장 귀한 하나님의 자녀라는 신분으로 그 위치가 변했습니다. 참으로 놀라운 변화가 일어난 것입니다.

그래도 잊지 말아야 할 사실이 있습니다.

우리는 그저 그 보잘 것 없는 깡통에 불과하다는 것입니다. 단지 그 깡통을 위대한 작품으로 만들어 주신 작가가 중요할 뿐입니다. 그 거장의 손길이 아니라면 깡통이 아무 의미가 없는 것처럼 우리도 하나님이 아니시면 아무 의미도 없는 것입니다. **그러므로 우리는 이런 위대한 일을 행하시는 거장이신 하나님을 날마다 찬양할 수 있어야 합니다.** 그것이 우리가 보여야 할 마땅한 삶의 자세일 것입니다.

우리를 위대한 작품으로, 새로운 피조물로 만들어 주신 하나님의 은혜가 정말 감사합니다.

16
삶에서 두려움을
이기게 하시니 감사

"주님께 감사하는 마음이 늘 우리 식탁을
즐겁게 만들어 주었습니다."
- 지미 카터 -

한 번은 몸에 이상이 있어서 수술을 받은 적이 있었습니다. 전신 마취를 하지 않고 허리 아래 부분만을 마취한 후에 수술을 해야 했습니다. 척추 부분에 의사가 주사를 놓으니 하체에 아무런 감각이 없었습니다. 귀로 의사가 무엇을 하고 있는지 소리도 다 들리고 주변 환경도 또렷이 보이는데 하체에는 아무런 감각도 없으니 마음속에 조금 두려운 생각이 들었습니다. 그 병원의 수술대 위에서 할 수 있는 일은 오직 하나님께 기도하는 것뿐이었습니다.

"하나님 의사의 손길을 주장하셔서 모든 수술이 잘 끝나게 해 주시옵소서!"

그 시간은 나에게 인생이 두려운 일을 만났을 때 하나님을 의지할 수 있음이 얼마나 큰 힘이 되는지를 경험할 수 있었던 좋은 기회였습니다.

경제학자로, 한국경제연구원 연구위원이며 또한 유명한 강연자이기도 한 공병호 박사가 최근에 "공병호의 성경공부"라는 책을 냈습니다. 그 책에 나오는 내용입니다.

"저는 다른 사람에 비해 미래에 대한 조바심이 좀 강한 편이었습니다. 그래서 젊은 날부터 끊임없이 두려움과 힘겹게 싸움을 벌이고는 했습니다. 지나친 염려와 불안감으로 삶이 고단할 때가 잦았습니다. 이러한 성품은 개인의 구조적인 특성이기 때문에 바꾸려 노력해도 쉬운 일이 아닙니다. 그래서 이따금 두려움에 압도되고 나면 그 후유증이 제법 큰 편이었습니다.

그런데 믿음을 갖게 된 이후의 뚜렷한 변화 가운데 하나가 두려움을 거의 내려놓을 수 있게 된 점입니다. 사실상 이것은 하나님과 함께 하는 자들 즉 믿는 자들이 누릴 수 있는 특권입니다. 하나님은 모든 것을 아시고 모든 것을 하실 수 있고 믿는 자에게 가장 좋은 것을 베푸시고 복주시고 은혜를 내려 주시는 분이시라는 사실을 믿기 때문입니다.

예전 같으면 당연히 두려움을 느끼고도 남을 정도의 상황 속에서도 대수롭지 않게 두려움을 처리해버리는 나 자신을 바라보는 것은 여간 신기한 일이 아닙니다."

공병호 박사처럼 예수를 믿고 난 후에 두려움이 사라졌다는 간증을 우리는 여러 사람들에게서 쉽게 들어볼 수 있습니다.

성경은 주님이 자기를 따르는 자들을 향해 "어찌하여 두려워하느냐 믿음이 적은 자들아!"라고 말씀하셨음을 보여줍니다. 주님은 자기 백성이 자기와 함께 할 때, 아무 것도 두려워할 이유가 없음을 분명하게 가르쳐 주신 것입니다. 예수님의 제자들은 두려움에 사로잡혀 있었습니다. 하지만 예수님의 부활과 성령강림의 놀라운 은혜를 경험한 후에, 그들은 모두 두려움 없이 핍박을 견디고 도리어 더 용감하게 복음을 전하는 자들이 되었습니다.

우리가 살고 있는 시대는 온통 두려움의 영에 지배당하고 있습니다. 매일 쏟아져 나오는 뉴스들은 온통 우리 마음을 두렵게 만듭니다. 엄청난 재난과 사건, 사고들이 지면을 뒤덮고 영상을 가득 채웁니다. 이런 세상 한 가운데서 두려움 없이 살 수 있도록 우리를 불러 주신 주님의 은혜와 사랑이 얼마나 감사한지 모르겠습니다.

"강하고 담대하라. 두려워하지 말며 놀라지 말라 네가 어디로 가든지 네 하나님 여호와가 너와 함께 하느니라"(수 1:9)

17
그리스도인의 영적기쁨을 알게 하심 감사

"당신의 감사내용이 당신의 영적수준이다."
- 이찬수 -

파초의 시인이며 이화여대 교수였던 김동명 시인은 그의 삼락론(三樂論) 이라는 수필에서 자신이 생각하는 인생길의 세 가지 즐거움을 다음과 같이 소개했습니다.

첫째는 어머니와 아내 그리고 애인이 되어주는 여인들이라고 했습니다. 그는 자신의 "인생이 사막처럼 깔깔하고 메마르지 않고 견딜 수 있는 것은 오로지 미와 사랑의 상징인 여인들이 있기 때문이라."고 설명했습니다.

둘째는 술을 들었습니다. 그는 "이것이 신이 인간에 보내준 가장 진귀한 선물의 하나"로 여기며 "도취삼매의 순간이 인간 세상의 그 무엇과도 바꾸기 싫은 즐겁고 사랑스러운 한 순간"이라고 하였습니다.

셋째는 바둑을 들었습니다. 그는 "바둑은 정녕 천하의 일락으로서의 관록과 조건을 갖추었음이 분명하다."고 진술하였습니다.

이 시인의 생각에 얼마나 많은 사람들이 동의하는지는 모르겠습니다. 하지만 그와 비슷한 생각을 하는 사람들이 주변에 제법 많이 있는 것은 분명한 사실이 아닐까 생각이 됩니다.

그렇다면 그리스도인인 우리는 과연 무엇을 기쁨으로 삼고 살아야 할까요? 우리도 이런 것들을 인생의 즐거움으로 여기며 살아갈 수 있을까요? 물론 그럴 수는 없습니다.

사도 바울은 고린도교회 성도들 중 혼인하지 않은 사람과 과부들을 향해 그대로 지내는 것이 좋다고 말했습니다. 그것이 인생 전부를 드려 하나님께만 충성할 수 있는 길이 되기 때문입니다(고전 7:8).

에베소 성도들에게는 "술 취하지 말라 이는 방탕한 것이라"(엡 5:18)고 교훈했습니다. 그리고 디모데에게 보낸 편지에서는 "일락을 좋아하는 자는 살았으나 죽었느니라"(딤전 5:6)고 했습니다.

그러므로 시인의 삼락론은 결코 우리 기독교인들의 것이 될 수 없습니다.

그렇다면 신자의 삼락은 무엇이 되어야 할까요?

시인이 자신과 교제할 수 있는 여인을 생의 첫째 낙으로 꼽았다면 우리는 하나님과 교제하는 삶을 인생의 첫째 즐거움으로 꼽을 수 있어야 하겠습니다. 하나님을 영화롭게 하며 그분을 영원토록 즐거워하는 것이 인생의 첫째 목적입니다. 이 즐거움을 알게 된 사람들은 이렇게 고백했습니다. "비록 무화과나무가 무성치 못하며…나는 여호와로 인하여 즐거워하며 나의 구원의 하나님을 인하여 기뻐하리로다"(합 3:17-18)

시인이 술에 취하여 도취삼매에 빠지는 것을 생의 둘째 낙으로 꼽았다면 우리는 성령충만하여 성령을 좇아 살아가는 삶을 인생의 둘째 낙으로 꼽을 수 있어야 합니다.

우리 사회에 술과 관련하여 벌어지는 부끄러운 일들은 너무나도 많습니다. 한 시대의 정상에 선 사람들이 술 때문에 망신당하는 모습을 우리는 그 동안 많이 보아왔습니다. 그러나 성령에 취한 사람은 술 취한 사람과는 너무 다릅니다. 그의 입에는 하나님을 찬양하는 노래가 있고, 감사가 넘치게 됩니다.

가정생활은 행복하고 사회생활은 건강하며, 세상 사람들이 전혀 볼 수 없는 영적세계를 바라볼 수 있게 됩니다. 남이 보지 못한 것을 보고, 듣지 못한 음성을 들으며 주님의 특별하신 사랑을 누리며 진리에 대한 깨달음을 얻게 됩니다. 이런 즐거움은 술 취함과 도저히 비교할 수 없는 것입니다.

시인이 바둑을 생의 셋째 낙으로 꼽았는데 우리는 주님의 뜻을 따라 남을 섬기며 살아가는 삶을 인생의 셋째 즐거움으로 꼽을 수 있어야 하겠습니다. 바둑을 두며 도끼자루 썩어가는 것도 모른 채 세상 모든 시름을 잊고 사는 것도 필요할지 모르겠습니다. 그러나 우리 그리스도인들은 자신만을 위하여 존재하는 자들이 아닙니다. 우리는 이 세상의 빛과 소금으로 존재하고 있습니다.

매일 주님이 주시는 이 영적 기쁨을 누리며 살아갈 수 있는 무한한 특권을 누릴 수 있음이 정말 감사하다는 생각이 듭니다. 만일 주께서 우리에게 깨우쳐 주지 않으셨다면 우리도 세상의 일시적인 쾌락을 탐하느라 하나님 나라의 그 복된 삶의 기쁨을 알지 못했을 것입니다.

우리에게 영적인 기쁨을 알게 해 주신 그 은혜가 정말 감사합니다.

지금 생각나는 찬양이 하나 있습니다.

"세상 사람 날 부러워 아니하여도
나도 역시 세상 사람 부럽지 않네.
하나님의 크신 은혜 생각할 때에
할렐루야 찬송이 저절로 나네!"

18
레드 카펫 위를 걷기보다

"행복해서 감사한게 아니라 감사해서 행복합니다."
- 송길원 -

뉴스에서 부산국제영화제와 부천판타스틱 영화제 소식을 전하는 것을 보았습니다. 많은 유명배우들이 화면을 장식하는 가운데 아나운서는 레드 카펫 위를 걷는 그들의 모습을 상세히 보도하고 있었습니다.

그들이 입은 옷과 그들의 맵시, 그리고 노출 정도와 카메라 앞에서의 포즈 등등 다양한 측면들이 하나도 빠짐없이 상세히 보도되었습니다. 아나운서는 자신도 언젠가 저런 레드 카펫 위를 걸어볼 수 있었으면 좋겠다고 하면서, 부러운 마음도 숨기지 않았습니다.

많은 사람들이 이런 삶을 꿈꿉니다.

유명해지고 대중의 사랑을 받으며 살고 싶어 합니다. 멋진 정장이나 드레스를 입고 레드 카펫 위에서 카메라 세례를 받고 싶은 마음이 있습니다. 수많은 사람들의 박수를 받으며 정상의 자리에 오르고 싶어합니다. 이 시대의 많은 사람들이 욕망하는 바가 바로 이 레드 카펫 위에 있습니다. 당신도 이런 삶을 꿈을 꾸고 있는지 모르겠습니다.

그런데 나는 그런 모습을 보면서도 별로 부럽다는 생각이 들지 않습니다. 나에게는 우리가 걷고 있는 이 거칠고 척박해 보이는 길이 그들의 화려한 길보다 훨씬 더 아름답다고 생각되기 때문입니다. 흥미로운 사실은 우리가 걷고 있는 이 길도 아주 붉다는 점입니다. 주님이 흘리신 십자가의 선혈로 물들어 있는 길이기 때문입니다.

믿음의 사람들은 모두 십자가 보혈의 길을 걸어갑니다. 십자가 보혈의 길은 멋진 주단을 깔아놓은 레드 카펫 위와는 많이 다를 수 있습니다. 돌팔매가 이어지고 손가락질과 모욕적인 언사 그리고 수많은 욕설을 들을 때도 있을 것입니다. 그러나 십자가 보혈의 길 끝에는 참된 영생 축복이 있습니다. 이 길의 끝에서 우리는 비로소 온 천하의 주인이 되시는 예수 그리스도께서 하사하시는 영광의 면류관을 받아쓸 수 있는 것입니다.

대중의 박수소리에 민감하다보면 주님의 꾸짖는 소리에는 귀가 둔감해 집니다. 주님의 박수소리에 민감해야 대중의 야유 소리에는 귀가 둔감해 집니다.

레드 카펫 위에 서기 보다 십자가 보혈의 길 위에 서기를 더 기뻐할 수 있다는 사실은 참으로 놀라운 은혜를 입은 것입니다. 그로 인해 신자는 자신도 살고, 세상도 변화시키는 힘을 얻게 되는 것입니다.

태국의 장한종 선교사라는 분이 있습니다.

이분은 한 때 티벳에서 선교활동을 했습니다. 그때 티벳을 방문하는 사람들의 가이드 역할을 하기도 했다고 합니다. 그런데 여행객들을 안내하여 방문한 곳 중에는 鳥葬(조장)터도 있었다고 합니다. 장 선교사님이 조장에 대하여 상세한 묘사를 해 주었습니다. 들어보니 조장은 정말 끔찍한 의식이었습니다.

선교사님은 관광객들과 함께 한 죽은 노인을 조장하는 광경을 보았다고 합니다. 조장을 주관하는 사람들이 사체를 쪼개서 독수리들 앞에 마치 식탁을 차려 놓듯이 벌여 놓자 수많은 독수리 떼가 사체에 달려들어 불과 20여 분 만에 앙상한 뼈만 남겨 놓았다고 합니다. 그 광경을 보는 모든 사람이 마음에 큰 충격을 받았고, 인생의 허무함에 대해 말을 하더랍니다.

그런데 조장하는 광경을 보고 여행객들과 함께 산을 내려오는 중에 갑자기 큰 독수리 한 마리가 선교사님 머리 위로 날아오더니 가까운 곳에 내려앉더랍니다.

그 순간 흥미롭게도 독수리와 눈이 마주쳤는데, 그 독수리가 그곳에 배설을 하고는 날아가 버리더랍니다. 조류지만 그 크기가 날개를 펴면 3미터에 이르는 독수리다 보니 배설물의 양도 엄청났다고 합니다. 그런데 거기서 김이 무럭무럭 나는데, 그 광경을 보자 갑자기 선교사님의 눈에서 눈물이 흐르더랍니다. 비록 그 배설물이 방금 죽어 독수리의 먹이가 된 죽은 노인을 소화시킨 것은 아닐지 모르지만 결국 같은 것이 아닌가 하는 생각이 들었고, 바로 그것이 인생의 끝인가 하는 허무함이 가슴을 짓눌렀기 때문이라고 했습니다. 선교사님은 만일 우리 인생이 하나님 없이 이 세상을 살다 죽는다면, 이 독수리의 똥과 무엇이 다르겠냐는 말을 했습니다.

이런 사실을 망각하고 레드 카펫의 욕망이 넘실대는 세상의 유혹이 나의 마음을 사로잡으려 할 때마다 이 말씀을 속으로 외워봅니다.

"헛되고 헛되며 헛되고 헛되니 모든 것이 헛되도다 해 아래에서 수고하는 모든 수고가 사람에게 무엇이 유익한가?"(전 1:2-3)

보혈의 길을 지나 하늘의 영광에 이를 수 있게 눈을 열어 주신 주님의 은혜에 무한 감사합니다.

19
인생의 바른 방향 찾게 해 주심 감사

"감사는 아무리 해도 부족하다. 우리 이웃들은 감사의 미소 위에
그들의 인생을 건축하기 때문이다."
- A.J.크로닌 -

전국책에서 계량이라는 사람이 조나라 왕에게 한 이야기라고 합니다.

"조금 전 돌아오는 길에 한 남자를 만났는데 그는 마차를 북쪽으로 몰면서 초나라로 간다고 하더군요. 초나라는 남쪽에 있는데 어째서 북쪽으로 가냐고 물었더니 자기의 말은 천하의 명마라서 괜찮다고 했습니다. 그래도 길을 잘못 들었다고 말하자, 자신은 여비가 넉넉하게 있으니 걱정 없다는 것이었습니다. 그래도 길을 잘못 들었다고 말하자, 이번에는 자신에게 좋은 마부가 있으니 상관없다고 했습니다. 그 남자는 아주 좋은 조건들을 갖추고 있지만 여행을 하면 할수록 목적지와는 점점 더 멀어져 갈 뿐

이었습니다."

많은 사람들이 나는 열심히 살고 있으니 언젠가는 좋은 일이 있으리라는 믿음을 가지고 인생을 살아가고 있습니다. 하지만 열심히 한다고 반드시 좋은 결과가 오는 것은 아닙니다. 문제는 방향입니다. 무엇보다 우선 살펴야 할 것은 바른 방향으로 열심히 나아가고 있는가 하는 것입니다.

생의 방향은 너무나도 중요합니다. 사람들은 너나 할 것 없이 행복의 파랑새를 찾아 열심히 일을 합니다. 자신이 가진 모든 것들을 다해 행복을 추구합니다. 하지만 열심히 살기는 했으나 결론적으로는 행복을 누리지 못하는 경우들이 많습니다.
무엇이 문제일까요?
방향이 잘못되어 있는 것입니다.

어거스틴은 하나님을 알기까지는 자신 안에 참 안식과 평안을 찾지 못했었다고 고백했습니다. 참된 인생의 행복은 바로 하나님을 알고 그분을 섬기는 데서 비롯한다는 말씀입니다. 시편기자는 "여호와를 가까이 함이 내게 복이라"고 고백했습니다. 그는 인생의 방향을 올바르게 깨달은 사람입니다.

요한복음 14장 27절에는 "평안을 너희에게 끼치노니 곧 나의 평안을 너희에게 주노라 내가 너희에게 주는 것은 세상이 주는 것 같지 아니

하니라 너희는 마음에 근심도 말고 두려워하지도 말라"고 하신 주의 말씀이 나옵니다.

주님 안에 참된 평안이 있다는 것입니다. 그 안에서 근심도 두려움도 없는 삶이 열린다는 것입니다. 나는 인생의 참된 행복이 주님께 나아가는 데 있다는 사실을 깨닫게 된 것이 내가 받은 가장 놀라운 축복이라고 믿고 있습니다. 이것 때문에 방황하지 않고 인생을 살아갈 수 있습니다. 이보다 더 놀라운 축복이 어디 있겠습니까?

"수고하고 무거운 짐진 자들아 다 내게로 오라 내가 너희를 쉬게 하리라"(마 11:28)

주님 안에서 이 평안과 행복을 누릴 수 있음에 정말 감사합니다.

6부

감사하는 사람들

1. 낙관적인 성격

나다나엘 호손이 세관에서 해고가 되어 무너지는 가슴을 안고 집에 돌아왔을 때, 그의 아내는 근심하기는커녕 기쁨의 환호를 질렀다고 합니다. 그 이유는 이제야 남편이 자신의 책을 마음껏 쓸 수 있게 되었기 때문이었답니다.

사실 호손은 낙관적인 성품을 가진 사람은 아니어서 그렇게 말해주는 아내에게 '글을 쓰는 동안에는 도대체 어떻게 먹고 살 거냐?'는 걱정을 했다고 합니다. 그러자 그의 아내는 서랍에서 생활비를 아껴 그때까지 모은 돈뭉치를 내 놓으면서 이런 말로 자기 남편을 격려했습니다.

"당신이 천재라는 걸 진작부터 알고 있었어요. 이제부턴 글만 쓰세요. 당신은 꼭 걸작을 써낼 거예요. 저는 믿어요."

결국 그녀의 믿음대로 호손은 주홍글씨라는 최고의 작품을 남길 수 있었습니다.(맥스 루케이도의 〈감사〉 중에서)

호손의 아내처럼 낙관적인 성품의 사람은 또 있습니다. 소크라테스도 그 중의 한 사람입니다. 소크라테스는 총각 시절에 여러 명의 친구와 비좁은 방에 같이 기거하면서도 항상 즐거운 표정을 짓고 살았다고 합니다. 누군가 묻기를 불편해서 짜증이 날 터인데 뭐가 그리 좋으냐고 했더니, 친구와 함께 사는 것도 즐겁고, 또한 서로의 경험을 나누고 지식도 나누고 도울 수 있는 것도 감사하다고 대답했습니다.

시간이 지나 친구들이 결혼을 해서 그곳을 떠나고 혼자 남게 되었지만 소크라테스가 여전히 밝게 웃으며 살자 그 사람이 또 묻기를 지금은 혼자가 되었는데 왜 웃고 사느냐고 했더니, 그곳에 있는 책들을 마음대로 언제든지 볼 수 있게 되어 여러 친구들의 선생님들을 독차지하게 되었으니 참 감사하고 기쁘다고 했습니다.

얼마 후 소크라테스도 결혼을 했고 한 건물의 맨 아래층 집에서 살게 되었는데, 거기서도 소크라테스는 항상 즐거운 표정이었습니다. 친구가 "아래층에 살면 위에서 물도 쏟고 쓰레기도 던지고 쥐도 많고 냄새도 나는데 자네는 뭐가 좋아서 웃고 다니느냐?"고 물었더니, 채소나 꽃도 심기 쉽고, 친구가 왔을 때 계단을 오르내리는 수고를 하지 않아도 되니 감사하다고 했습니다.

시간이 지나 위층에 살던 사람의 아버지가 다리를 다쳐 계단을 오르내리기가 힘들게 되자 소크라테스와 집을 바꾸자는 요청을 해 왔습니다. 그런데 위층에 살게 된 소크라테스가 여전히 웃고 다니자 "아래층이 좋다고 하더니 위층으로 옮겼음에도 여전히 웃고 다니는 까닭이 뭐냐?"고 친구가 물었습니다. 소크라테스는 조용하고, 멀리까지 경치가 보이며, 계단을 오르내려 운동을 하니 건강에도 좋아서 감사할 따름이라고 대답했습니다.(이용태의 〈한 달에 한 가지 새 습관을 기르자〉 중에서)

호손의 아내나 소크라테스처럼 낙관적인 성품의 사람들이 생을 감사하며 살기가 쉽습니다. 항상 절망적인 부분들을 먼저 생각하고, 부정적이고 어두운 일들을 먼저 생각하는 사람은 감사하며 살기가 쉽지 않습니다. 광야의 이스라엘은 오랜 세월 동안 애굽의 노예로 살던 근성을 버리지 못했습니다. 애굽에서의 오랜 노예생활로 그들은 알게 모르게 부정적인 사람들이 되어 있었습니다. 문제만 발생하면 쉽게 어리석은 반응들을 보였습니다. 하나님의 크고 놀라우신 기적으로 구원의 은혜를 맛본 후에도 그들은 크게 변하지 않았습니다. 여전히 불평과 원망이 많았습니다.

그런데 그들과 동일한 삶을 경험했지만, 여호수아와 갈렙은 하나님의 은혜를 전적으로 의지함으로 노예 의식에서 완전히 벗어났음을 알 수 있습니다. 그들은 하나님의 기적을 보고, 그 놀라우신 인도를 체험하면서 점점 더 하나님의 약속을 신뢰하게 되었습니다. 하나님의 약속을 신뢰하게 된 그들은 자신들의 삶에 대해 낙관적인 전망을 할 수 있게 되었습니다. 감사는 바로 이런 사람들이 드러내는 신앙 표현인 것입니다.

자신이 소유하지 못한 것이나 잃어버린 것들만을 바라보는 사람은 불행합니다. 그러나 자기에게 아직도 남아 있는 것이나 아직도 할 수 있는 것들에 주목할 수 있는 사람은 행복한 감사의 사람이 될 수 있습니다.

혹시 절망적인 상황만 바라보면서 '이젠 모든 게 끝났어! 잘 살아 보고 싶었지만 더 이상 할 수 있는 일이 없어!'하며 눈물을 흘리거나 낙담한 채 주저앉아 있지 않으십니까?

신앙인들이라면 이런 때에도 삶의 어두운 면만 바라보고 있어서는 안 됩니다. 하나님이 주신 것들이 얼마나 풍성한지에 먼저 눈길을 주기를 힘써야 합니다. 세상에 올 때 빈손으로 왔지만 여전히 자신이 살아 활동하고 있고, 아이들도 건강하게 자라고 있으며, 자신을 염려해 주는 이들이 곁에 있고, 먹을 것과 마실 것이 있다면 사실상 우리는 잃은 것이 없고, 모두 누리고 있는 것이라는 사실을 마음에 기억하며 감사해야 할 것입니다.

문제는 어떤 면을 바라보는가 하는 것입니다. 삶의 어두운 면보다 항상 밝고 긍정적이며 낙관적인 면을 먼저 볼 수 있는 성도들이 되시기 바랍니다. 이런 사람들이 진정한 감사의 제사를 주님 앞에 드릴 수 있게 되는 것입니다.

국회부의장을 역임한 유재건 장로님이 대학 1학년 때 큰 교통사고를 당한 일이 있었다고 합니다. 버스가 가로수를 들이받고 논두렁에 뒤집히는 사고였는데, 이 사고로 유 장로님은 버스 의자에 다리가 끼면서 발뒤꿈치가 거의 떨어져 나가고 뼈만 앙상하게 남는 큰 부상을 입게 되었습니다. 넓적다리에서 살을 이식받는 수술을 받았고 무려 6개월간이나 병원 신세를 져야 했답니다. 비록 대학생이었지만 가장으로 생활비를 벌어야 했는데 그럴 수 없게 된 상황이 너무나 부담스러웠답니다. 무엇보다 완전히 나을 수 있는지를 알 수 없다는 점이 마음을 더 짓눌렀습니다. 절망스러운 상황에서 마음속에는 불평과 원망만 늘어나고 있었답니다.

그런데 자신이 입원해 있던 병원에 새로 부임한 간호사가 장로님의 딸로 신실한 기독교인이었답니다. 하루는 그녀가 유재건 장로님에게 이런 말을 해 주었답니다.

"이 모든 것은 다 하나님의 은혜입니다. 참으로 감사한 일이지요. 그 엄청난 사고에서 다시 살려 주신 것만으로도 얼마나 감사합니까? 하나님께서 큰 사고로부터 생명을 지켜 주셨으니 평생 어려운 사람들을 돕는 일을 해야 합니다. 하나님께 감사한 마음으로 봉사하며 사세요."

이 말을 듣자 자신이 하고 있던 불평과 원망을 회개하고 하나님께 감사해야 함이 깨달아지더랍니다.

같은 상황에 대해 원망하고 불평하고 있을 때 마음은 지옥 같았을 것입니다. 하지만 감사로 상황을 달리보기 시작하자 어려움을 넉넉히 이겨낼 수 있게 되는 것입니다.

조정민 목사에 의하면 최경주 선수가 페덱스컵 대회에서 우승을 하지 못하고 3위를 했을 때 이런 말을 했다고 합니다.

"더블보기를 해도 트리플보기 하지 않은 것을 감사했습니다."

바라보는 시각에 따라 그 상황을 감사할 수도 있고 불평할 수도 있는 것입니다. 최경주 선수는 바로 그 상황을 감사해야 할 내

용으로 바라보고 있는 것입니다.

미국의 주부작가인 엘리너 H 포터의 소설인 〈폴리애나의 기쁨 놀이〉라는 책이 있습니다.

이 책의 주인공인 폴리애나는 어려운 환경에도 불구하고 모든 상황에서 기쁨의 요소를 찾아냅니다. 그 소설로 인해 한동안 미국에 기쁨 놀이가 유행하기도 했다고 합니다. 그 내용 중에 한 부인회로부터 인형이 들었다며 전해 준 선물꾸러기가 사실은 아무 필요 없는 목발이 담겨 있는 것을 발견한 후에도 폴리애나가 기뻐하는 모습이 나옵니다. 폴리애나가 그때 찾아낸 기쁨의 이유는 이랬습니다.

"이 목발을 사용할 필요가 없다는 게 얼마나 감사한 일이야? 그래서 난 이 선물이 마음에 들어!"

투정이나, 불평이 아닌, 어떤 어려운 상황이라도 그 안에서 기쁨을 찾기 위해 노력하는 폴리애나처럼, **어떤 상황에서든지 감사할 이유들을 찾을 낼 수 있습니다.**

이처럼 낙관적인 성격은 범사에 감사하는 삶을 살고자 하는 이들에게 큰 도움이 됩니다.

2. 겸손한 마음

하나님의 은혜를 알고 겸손한 사람이 자주 감사를 표현하게 되어 있습니다. 자기 마음이 교만한 사람은 은혜를 깨달을 수가 없습니다. 겸손한 사람만이 은혜를 깨닫고 감사하게 되는 것입니다. 느브갓네살은 하나님의 도구였습니다. 그런데 그 징계의 도구에 불과한 느브갓네살이 교만해서 마치 자신이 하나님이나 되는 것처럼 행동했습니다. 그가 어느 날 꿈을 꾸었습니다.

다니엘 4장 10-17절입니다.
내가 침상에서 나의 뇌 속으로 받은 이상이 이러하니라 내가 본 즉 땅의 중앙에 한 나무가 있는데 고가 높더니(11)그 나무가 자라서 견고하여지고 그 고는 하늘에 닿았으니 땅 끝에서도 보이겠고(12)그 잎사귀는 아름답고 그 열매는 많아서 만민의 식물이 될만하고 들짐승이 그 그늘에 있으며 공중에 나는 새는 그 가지에 깃들이고 무릇 혈기 있는 자가 거기서 식물을 얻더라(13)내가 침상에서 뇌 속으로 받은 이상 가운데 또 본즉 한 순찰자, 한 거룩한 자가 하늘에서 내려왔는데(14)그가 소리 질러 외쳐서 이처럼 이르기를 그 나무를 베고 그 가지를 찍고 그 잎사귀를 떨고 그 열매를 헤치고 짐승들로 그 아래서 떠나게 하고 새들을 그 가지에서 쫓아내라(15)그러나 그 뿌리의 그루터기를 땅에 남겨두고 철과 놋줄로 동이고 그것으로 들 청초 가운데 있게 하라 그것이 하늘 이슬에 젖고 땅의 풀 가운데서 짐승으로 더불어 그 분량을 같이 하리라(16)또 그 마음은 변하여 인생의 마음 같지 아니하고 짐승의 마음을 받아 일곱 때를 지나리라(17)

이는 순찰자들의 명령대로요 거룩한 자들의 말대로니 곧 인생으로 지극히 높으신 자가 인간 나라를 다스리시며 자기의 뜻대로 그것을 누구에게든지 주시며 또 지극히 천한 자로 그 위에 세우시는 줄을 알게 하려 함이니라 하였느니라"

그는 자신이 꾼 꿈의 내용이 궁금해서 다니엘에게 물었습니다. 다니엘이 다음과 같이 해몽을 해 주었습니다.
다니엘 4장 24-27절입니다.

왕이여 그 해석은 이러 하니이다 곧 지극히 높으신 자의 명정하신 것이 내 주 왕에게 미칠 것이라(25)왕이 사람에게서 쫓겨나서 들짐승과 함께 거하며 소처럼 풀을 먹으며 하늘 이슬에 젖을 것이요 이와 같이 일곱 때를 지낼 것이라 그 때에 지극히 높으신 자가 인간나라를 다스리시며 자기의 뜻대로 그것을 누구에게든지 주시는 줄을 아시리이다(26)또 그들이 그 나무뿌리의 그루터기를 남겨 두라 하였은즉 하나님이 다스리시는 줄을 왕이 깨달은 후에야 왕의 나라가 견고하리이다(27)그런즉 왕이여 나의 간하는 것을 받으시고 공의를 행함으로 죄를 속하고 가난한 자를 긍휼히 여김으로 죄악을 속하소서 그리하시면 왕의 평안함이 혹시 장구하리이다 하였느니라"

느브갓네살은 다니엘의 해몽에도 불구하고 깨닫지를 못합니다. 그는 자기 보다 높으신 하나님이 계시다는 사실을 전혀 의식하지 못했습니다. 결국 열두 달이 지난 후에 한다는 말이 고작 "이 큰 바벨론은 내가 능력과 권세로 건설하여 나의 도성을 삼고 이것으로 내 위엄의 영광을 나타낸 것이 아니냐"(30절)는 교만한 말이었고, 그 순간 하늘로부터 소리가 들립니다.

"느브갓네살 왕아 네게 말하노니 나라의 위가 네게서 떠났느니라"

그는 미친 사람처럼 되어서 사람 중에서 쫓겨납니다. 그리고 소처럼 풀을 먹고 몸이 하늘 이슬에 젖고 머리털이 독수리 털처럼 씻지 않아 뻣뻣하게 되고 손톱 역시 깎지 않아서 새 발톱처럼 돼버렸습니다. 그런 상태로 일곱 때를 지난 후에 그가 "하늘을 우러러 보았고 그의 정신이 다시 회복이 되었다"고 성경은 기록하고 있습니다. 정신이 돌아온 그가 한 말이 있습니다.

"이에 내가 지극히 높으신 자에게 감사하며 영생하시는 자를 찬양하고 존경하였노니 그 권세는 영원한 권세요 그 나라는 대대에 이르리로다...나 느브갓네살이 하늘의 왕을 찬양하며 칭송하며 존경하노니 그의 일이 다 진실하고 그의 행하심이 의로우시므로 무릇 교만하게 행하는 자를 그가 능히 낮추심이니라"(34-37절)

자기만을 바라보고, 모든 것을 자기중심으로 판단하는 교만한 사람은 결코 감사를 드릴 수가 없습니다.

내 삶이 나 혼자의 능력에 달린 것이 아니라 항상 하나님께 의존되어 있음을 아는 겸손한 마음이 있을 때에 진정한 감사를 드릴 수 있습니다.

3. 합력하여 선을 이룰 것이라는 믿음

나를 인도하시는 하나님께서 나를 향하여 행하실 일이 아름답고 선한 일일 것임을 확신하는 믿음의 사람이 모든 일 가운데서 감사하며 살아갈 수가 있다는 것입니다.

정원준 씨가 쓴 "희망"이란 글입니다.

한 건축가가 바다가 훤히 내려다보이는 언덕에 아름다운 집을 짓고 있었습니다. 그날도 망치는 신나게 못을 두들기고 있었습니다. 뚝딱 뚝딱!

망치는 일하는 게 즐거웠습니다. 삶도 행복했습니다. "사는 게 이런 거라면 한 번 살아볼만하지!" 그는 거드름을 피웠습니다.

하지만 못은 하루하루가 괴로웠습니다.

"왜 내 운명은 이리도 기구한지 모르겠어. 눈만 뜨면 두들겨 맞으니..."

그는 세상은 모순덩어리라고 생각했습니다. 그리고 고통만 당하는 삶이 무의미하게 생각이 되었습니다. 망치의 두들김이 멈추지 않고 계속되자 못은 더 이상 참을 수 없다는 듯이 건축가에게 항의를 했습니다.

"때리는 망치도 밉지만 나를 망치에게 맞도록 내버려 두는 당신은 더 원망스러워요. 왜 나만 이렇게 늘 맞아야 되는거지요? 이건 너무 불공평해요."

투덜대는 못을 향해 건축가가 미소를 지으며 말합니다.

"왜냐하면 이건 네 집이기 때문이야."

얼마 후, 건축가의 말처럼 집이 다 지어지자 망치는 돌아갔습니다. 하지만 못은 바닷가 그 언덕에서 아름다운 집과 함께 남게 되었습니다. 더 이상 망치의 두들김도 없이 멋진 집에서 안식을 누리며 못은 지난날을 회상합니다.

"이런 날이 오리라고 상상도 못했는데. 이제 알겠어. 왜 내가 그렇게 고통을 겪어야만 했는지. 이런 아름다운 집에서 살기 위해서 그랬던 거였어…"

우리가 생을 살아가면서 많은 일들을 겪을 때에 그 모든 것이 합력하여 선을 이룰 것이라는 희망적인 생각만 할 수 있다면, 우리는 어떤 상황 가운데서라도 감사할 수가 있을 것입니다.

국가조찬기도회의 부회장이며 12개의 회사로 이루어진 대의그룹 회장인 채의숭 장로는 전 세계에 100개의 교회를 세운 분으로 유명합니다. 그분이 자신의 책 〈기적의 하늘 경영〉에서 이런 간증을 했습니다.

삼성과 대우에서 직장생활 20년을 성공적으로 마친 후에 독립하여 사업을 하기로 결심하고 부천에 공장을 마련하고 외자로 많은 장비들을 들여 놓았다고 합니다. 그런데 그가 공장을 시작하고 1년도 채 안 된 1986년에 전국적으로 큰 수재가 났다고 합니다. 부천 공장이 물에 잠겼다는 말을 듣고 달려가 보니 온통 아수라장이 되었더랍니다. 그는 그 수재로 모든 것을 잃었답니다. 그야말로 완전한 절망만 남아 있더랍니다. 그때에 그가 할 수 있는 일은 기도밖에 없었답니다. 그런데 그때 그에게 "사람이 마음으로 자기의 길을 계획할지라도 그의 걸음을 인도하시는 이는 여호와시니라" 라는 잠언 16장 9절 말씀이 떠오르더랍니다.

당시에 그는 이렇게 생각했답니다.

"이 절망의 순간을 소중하게 기억하며 다시 일어서리라. 언젠가는 이 고통의 순간을 웃으면서 추억하는 날이 있으리라."

결국 채의숭 장로는 자신의 생각대로 그 모든 난관을 뚫고 다시 일어나 오늘날과 같은 기업을 이룰 수 있었다고 합니다. 그는 "감사하는 사람에게는 항상 감사할 일이 생긴다. 불평하는 사람에게는 불평할 일만 생긴다. 성공한 사람들에게는 실패도 소중한 자산이다."라고 주장하면서, 당시의 어려움이 자신에게는 도리어 전화위복이었다고 간증했습니다.

하나님은 이처럼 모든 것이 합력하여 선을 이루게 하시는 분이신 것입니다. 바로 이 사실을 믿는 자들이라면 감사하는 것이 매우 자연스러운 일이 될 수 있을 것입니다.

4. 주권자 되시는 하나님에 대한 믿음

하나님께서는 당신의 주권자 되심을 이렇게 선포하십니다.

"이는 삼림의 모든 새들도 내가 아는 것이며 들의 짐승도 내 것임이로다 내가 가령 주려도 네게 이르지 아니할 것은 세계와 거기에 충만한 것이 내 것임이로다"(시 50:10-13)

이 말씀과 같이 하나님의 주권자 되심을 인정하고 자신이 누리는 모든 것이 다 하나님께로 말미암은 것임을 인정하는 자세가 없다면 그 누구도 범사에 감사하기 어려울 것입니다. 하나님의 절대주권을 믿는 사람들은 어려운 상황에서도 감사의 조건을 찾아내서 하나님께 영광을 돌립니다.

예전 우리 조상들은 다 허물어진 집에서도, 추운 방 안에서도, 끼니가 부족한 식탁 앞에서도 무엇보다 먼저 하나님께 감사하는 마음을 표현했습니다. 끼니 때마다 성미를 구별하여 모으시던 어머니의 모습이 잊혀지질 않습니다.

1960년대까지만 해도 우리나라는 먹을 것이 넉넉하지 못했습니다. 밀가루 배급을 받아 수제비만 며칠씩 끓여 먹던 기억이 나기도 할 정도입니다. 그렇게 먹거리가 부족하던 시절, 어머니는 집에 쌀이 있어서 밥을 짓게 되면, 쌀 항아리에서 쌀을 퍼내시기 전에 항상 "성부와 성자와 성령의 이름으로 아멘!"하시면서 세 번 쌀을 떠서 성미주머니에 넣으셨습니다. 그 후에야 우리 가족을 위한 쌀을 퍼내셨습니다. 그 성미들을 모아 매 주일 혹은 한 달에 한 번씩 교회에 있는 성미함에 가져다 붓습니다. 그러면 사역자들이나 어려운 분들이 그것을 먹고 힘을 내서 사역을 감당하고 삶을 살아갈 수 있었습니다.

어머니는 왜 그렇게 행하셨을까요? 모든 것이 부족한 가운데서도 우리가 얻는 그 지극히 적은 것 하나도 하나님이 주신 것임을 알고 계셨기 때문이었습니다. 그리고 그렇게 하나님의 은혜를 알고 감사하며 산 결과 오늘과 같이 대한민국이 번성하게 된 것이라고 나는 확신합니다.

당신은 하나님이 정말 주권자이심을 믿으십니까?

김현승 시인은 "감사하는 마음은 자기가 누구이며, 주인이 누구인지를 깊이 아는 마음"이라고 했습니다.

우리도 욥처럼 "주신 이도 여호와시오 거두신 이도 여호와시오니 여호와의 이름이 찬송을 받으실지어다"(욥 1:21)라고 고백할 수 있는 자리에 과연 이를 수 있을까 하는 생각이 들기도 합니다. 그러나 신앙생활은 바로 그런 수준을 향하여 나아가는 것입니다.

하나님이 정말 주권자이시기 때문입니다. 그것은 단지 사상이 아니라 실제입니다. 그것을 알 때에 비로소 삶의 모든 일에 우리는 진정한 감사로 하나님을 찬양하게 될 것입니다.

7부

감사의 생활

1. 습관처럼 감사하자

서양 속담에 "행복은 감사의 문으로 들어와서 불평의 문으로 나간다"라는 말이 있습니다.

감사를 잃어버린 삶은 비참합니다. 감사하며 사는 것이 복된 것입니다. 감사할 수 있는 것은 인생에 대해 긍정적이고 소망적인 생각을 하고 있음을 보여 줍니다. 감사하는 습관이야말로 인생을 행복하게 만드는 가장 좋은 길입니다. 그러므로 우리는 습관처럼 감사하기를 힘써야 합니다. 데보라 노빌은 〈감사의 힘〉이라는 책에서 "감사합니다."라는 짧은 말 속에 우리 인생 전체를 바꿀 강력한 힘이 있다고 주장합니다.

정말 그 짧은 말이 그토록 큰 힘을 가지고 있는 것일까요?

나는 그렇다고 생각합니다. 사실 "감사합니다."라는 한 마디로 우리는 인간관계를 이전 보다 훨씬 깊게 만들 수 있음이 사실입니다.

만일 누군가에게 자신이 아무런 보상을 바라지 않고 선물을 해 주었다고 해 봅시다. 비록 자신은 인사나 보상을 바라지 않았다 할지라도 받은 사람이 "감사합니다."라고 인사를 한다면 우리는 그에 대한 인상을 매우 좋게 가질 것이 분명합니다. 감사를 표현하는 짧은 한 마디가 그 사람에 대한 인상 전체를 바꿀 수 있는 것입니다.

감사하는 마음이 건강에도 도움이 된다는 사실은 이미 여러 경로를 통해 증명이 되기도 했습니다. 우울증을 치료할 때 "감사의 일기쓰기"와 같은 것이 효과가 있음이 알려지기도 했습니다. 마이클 맥클로우라는 심리학자는 "잠깐 멈춰 서서 우리에게 주어진 감사한 일들을 생각하는 순간, 우리의 감정 시스템은 벌써 두려움을 탈출해서 매우 좋은 상태로 옮겨가고 있는 것"이라 했습니다. 그러므로 신자는 누구라도 습관처럼 감사할 줄 아는 사람이 되어야 합니다.

감사하는 사람들과 불평하는 사람들은 삶에 너무나도 큰 차이가 납니다.
오늘 하루 당신의 입술의 말을 한 번 점검해 보십시오.
감사가 많습니까? 불평이 많습니까?

조정민 목사는 "지금까지 살아온 내 인생이 감사할 수 없으면 앞으로 살아갈 남은 인생에도 감사하기 어렵습니다. 감사는 버릇입니다."(《인생은 선물이다》 중에서) 라고 했습니다. 감사는 하나의 습관이 되어야 합니다.

세계적으로 성공한 미국의 흑인 여성 언론인인 오프라 윈프리는 매일 5가지 감사 일기를 쓰는 습관을 가지고 있다고 합니다. 지금도 그녀는 이 습관이 자신의 삶에 가져다 준 엄청난 변화와 축복에 대해 많은 사람들에게 자주 소개를 합니다.
국민대학의 이의용 교수는 오프라 윈프리의 말을 신선하게 받아들였다고 합니다. 자신도 평소에 감사하며 살려고 노력은 해왔지만, 그것을 일기의 형태로 적지는 못해 보았더라는 것입니다. 그는 감사 일기를 쓰기 시작했고 그렇게 하는 가운데 일어난 자기 삶의 변화를 이렇게 증언했습니다.

"감사 일기를 쓰다 보니 나도 모르게 내 일상에 변화가 일어나기 시작했다. 전에는 잘 깨닫지 못했던 소소한 일상의 삶에서도 감사거리를 찾게 되고, 그러면서 어느덧 나의 삶에 조용한 평안이 깃드는 것을 느낄 수 있었다. 이 변화는 내게 상당한 의미로 다가왔다. 이전에는 잘 느낄 수 없었던 일상의 소중함과, 가족이나 교우, 직장 동료, 친구, 제자 등 내가 늘 만나던 사람들의 존재감과 무게가 새로운 의미로 다가오기 시작했다."(《감사일기》중에서)

감사 일기를 습관화함으로 놀라운 변화를 체험한 이 교수는 자신이 가르치는 학생들이나 주변의 많은 사람들에게도 감사 일기를 적을 것을 권유했고, 그의 권유를 따라 감사 일기를 적게 된 사람들도 역시 적지 않게 삶에 변화와 복을 누리게 되었다고 합니다.

LA주 대법관이었던 존 크랠릭의 경우는 감사 일기가 아니라 감사 편지를 사람들에게 권하는 책을 썼습니다. 그는 2007년에 인생의 최악의 시기를 보냈습니다. 당시 그는 의욕적으로 시작했던 로펌이 적자에 빠지게 되었고, 통장은 텅 비었으며, 아내와는 이혼소송 중이었고, 딸마저 빼앗길 위기 상황이었습니다. 남은 것이라곤 외로움과 우울증뿐이었던 그는 주변 사람들에게 15개월 동안 365통의 감사편지를 보내기 시작하면서 인생의 놀라운 변화를 경험했다고 합니다. 그가 365번째 감사편지 쓰기를 마쳤을 때, 몸무게도 줄고, 사업은 번창했고, 자식들과 관계가 좋아졌고, 사랑하는 사람을 다시 만나게 되었고 친구들과의 관계도 회복되는 등 좋은 일이 넘쳐났다고 합니다.(〈365 Thank You〉중에서)

감사의 일기도 좋고 편지도 좋습니다. 감사의 전화나 이메일이라도 무슨 상관이겠습니까? 문제는 감사의 습관을 지니고 사는 것입니다. 감사의 습관을 몸에 지니는 것은 참으로 복된 삶의 길임이 분명합니다. 데일 카네기는 "매일 아침에 눈을 뜨자마자 감사할 일을 찾는 습관은 참 놀라운 축복의 습관이요, 행복의 습관이다"라고 했습니다.

감사를 습관화 하십시오.
당신 앞에 행복의 문이 활짝 열릴 것입니다.

2. 감사하는 자들을 찾으시는 예수님

예수님이 고쳐주신 10명의 나병환자들 중에 오직 한 사람만이 다시 예수님께 돌아와서 감사를 드렸습니다. 예수님은 그를 보시고 "열 사람이 깨끗함을 받지 않았느냐? 나머지 아홉은 어디 있느냐?"고 말씀하셨습니다. 이 일을 통해 주님은 감사하는 사람을 찾고 계신다는 사실을 알 수 있습니다.

우리가 주변을 돌아보면 감사하는 사람을 찾아보기가 쉽지 않은 것이 사실입니다. 우리 주위에는 온통 타인을 향한 원망과 불평 그리고 남 탓하는 소리들이 넘치고 있습니다. 아마 이런 이야기를 한 번 쯤은 들어 보셨을 겁니다.

천사가 바구니 두 개를 들고서 하늘로 올라갔다 내려갔다 하는데, 한 손에는 '간구의 기도'가, 그리고 다른 한 손에는 '감사의 기도'가 담겨 있답니다. 그런데 땅에서부터 두 바구니를 하나님 앞에 가져갈 때 '간구의 기도' 바구니는 가득차서 철철 넘치는데, '감사의 기도' 바구니는 거의 비어서 올라간다고 합니다.

그냥 하는 이야기에 불과하다고 할 수 있겠지만, 실제 우리 삶의 모습을 잘 나타내 준다는 생각이 듭니다. 뉴욕 타임스지의 사설을 쓰는 이가 자기 나름대로 사람들의 이런 모습을 증명해 보았다고 합니다.

크리스마스가 되면 아이들은 산타클로스에게 좋은 선물을 하나 받으려고 기다립니다. 아이들이니까 순진하게 편지를 써서 "산타클로스 할아버지! 금년에는 컴퓨터를 하나 보내주세요"라는 등등의 내용들을 써서 보낸다고 합니다.

크리스마스 때만 되면 우체국으로 이런 편지가 수없이 배달됩니다. 우체국은 그 산더미 같은 편지들을 분류해서 각각의 산타크로스에게 보내준답니다. 그리고 크리스마스이브가 지나, 아이들이 아침에 눈을 뜨면 소원대로 머리맡에 선물들이 와 있게 됩니다. 아이들은 기뻐서 다 풀어보았을 겁니다. 그렇게 행복한 시간이 지나고 난 후에 아이들이 우체국에 과연 얼마나 많은 감사의 편지를 보냈을까요?

놀랍게도 그 우체국에는 "Thank you!"라고 쓰인 감사의 편지가 단 한 통 왔다고 합니다. 산타클로스에게 선물을 달라고 할 때는 엄청난 양의 편지가 왔습니다. 하지만 그 선물을 받고 감사하는 편지는 단 한 통뿐이었다는 겁니다.

어째서 감사의 편지는 하나밖에 없었을까요?

감사를 헤아릴 줄 아는 것이 인간에게는 제일 어려운 산수이기 때문입니다. 잊지 말아야 할 사실은 우리가 감사할 줄 아는 자들이 되기를 하나님이 참으로 원하신다는 것입니다. 하나님은 감사하는 자들을 기뻐하십니다.

루즈벨트 대통령이 어느 추수감사절에 "오늘날 미국의 위기는 좋은 것을 주신 하나님께 감사하지 않는데 있습니다."라고 연설을 한 일이 있었습니다. 마땅히 감사해야 할 일을 감사하지 않는 것은 결코 복된 행실이 아닙니다.

　하나님을 영화롭게 하는 사람들은 "감사로 제사를 드리는 자"들입니다. 예수님은 이런 감사하는 사람을 기뻐하시며, 복을 주십니다. 그리고 감사할 줄 아는 사람을 찾고 계십니다. 이 사실을 잊지 말고 감사하는 삶을 살기를 힘씁시다. 바로 당신이 주님이 찾으시는 그런 사람이기를 기원합니다.

3. 절기를 지키는 이유

"인간은 감사할 줄 모르는 두 발 달린 짐승이다."라는 말이 있습니다. 여호수아 4장에는 창일한 요단을 가르시고 이스라엘을 약속의 땅으로 건너가게 하신 하나님께서 특별한 명령을 내리시는 장면이 나옵니다.

"그 모든 백성이 요단을 건너기를 마치매 여호와께서 여호수아에게 말씀하여 이르시되 백성의 각 지파에 한 사람씩 열두 사람을 택하고 그들에게 명령하여 이르기를 요단 가운데 제사장들의 발이 굳게 선 그곳에서 돌 열둘을 택하여 그것을 가져다가 오늘 너희가 유숙할 그곳에 두게 하라"(수 4:1-3)

왜 하나님이 이런 명령을 내리셨을까요?

성경은 그 이유를 이렇게 기록하고 있습니다.

"이것이 너희 중에 표징이 되리라 후일에 너희의 자손들이 물어 이르되 이 돌들은 무슨 뜻이냐 하거든 그들에게 이르기를 요단 물이 여호와의 언약궤 앞에서 끊어졌나니 곧 언약궤가 요단을 건널 때에 요단 물이 끊어졌으므로 이 돌들이 이스라엘 자손에게 영원히 기념이 되리라 하라"(6-7절)

하나님은 당신께서 행하신 일들을 이스라엘이 잊지 않기를 원하셨던 것입니다.

이스라엘 사람들에게는 지켜야 할 여러 가지 절기들이 있었습니다. 레위기 23장에는 유월절을 비롯해서 칠칠절, 초막절 등 이스라엘이 지켜야 할 여러 절기들이 설명이 되어 있습니다. 이 모든 절기들이 의미하는 것이 무엇입니까? 바로 하나님의 구원하시고 돌보아 주신 은혜들을 잊지 말고 기억하라는 것입니다.

하나님이 기억하라고 하시는 이유는 하나님을 잘 섬기게 하시기 위함이기도 하지만 그 은혜에 감사하게 하시기 위함인 것입니다. 즉 이스라엘 백성들에게 절기란 감사의 마음을 잊지 않게 하기 위해 주께서 특별하게 제정해 주신 기간들이었던 것입니다.

이스라엘 백성들은 한 해를 지내면서 이런 절기, 저런 절기를 통해 늘 하나님의 은혜를 상기해야 했습니다. 이스라엘의 출애굽은 놀라운 이사와 기적으로 이루어진 일들이었습니다. 하지만 한번 생각해 보십시오. 그런 기적적인 구원의 은혜를 받고 가나안에 정착하여 살게 된 후 이스라엘의 삶은 어떠했을까요? 이제 더 이상 근심도 걱정도 염려도 낙심도 없는 삶을 살았을까요? 아마 그렇지 못했을 것입니다.

그 놀라운 기적으로 구원받은 그들이 다시 비가 내리지 않는 하늘을 보고 마음의 근심을 토로했을 것입니다. 질병과 고통에 신음하며 하나님의 도움을 간절히 소망했을 것입니다. 자녀들의 문제를 앞에 놓고 절망감을 느끼기도 했을 것입니다. 이런 일들을 당할 때 그들이 감사의 마음만 가지고 살기는 어려웠을 것입니다.

바로 이런 때에 감사절기가 돌아옵니다.

자신들을 하나님께서 어떠한 능력으로 구원하셨는지를 다시 한 번 기억하게 됩니다. 그때 이들은 자신들의 현실도 능히 이기게 하실 하나님을 기대하게 되었을 것입니다. 또한 비록 자신들이 바라는 대로 일이 풀어지지 않는다 할지라도 하나님께서 과거 종 되었던 애굽 땅에서 멸망 받았어야 할 자신들을 구원하셔서 이 자유의 땅에 들어오게 하셨다는 사실만으로도 얼마든지 감사할 이유가 넘친다는 사실을 깨달을 수 있었을 것입니다. 이러한 깨달음이 그들의 현실의 삶에 임한 고단함과 역경을 승리하며 살 수 있게 해 주는 능력이 되었을 것입니다. 절기들은 바로 그러한 의미들을 지니고 있었던 것입니다.

오늘날 우리들도 성탄절을 비롯하여 고난주일과 부활주일 감사주일과 같은 기념주일들을 지킵니다. 과거 율법시대에 사람들이 지키던 절기처럼 이 날들을 지키는 것은 아니지만 분명히 기억해야 할 것들이 있습니다. 이 절기들을 지낼 때마다 주께서 우리의 구원을 위해 어떠한 일들을 행하셨나입니다. 그 행하신 일들을 단지 기억만 하지 말고 참으로 감사할 수 있어야 합니다.

우리는 과거 이스라엘 백성들처럼 하나님이 베풀어 주신 그 놀라우신 은혜를 쉽게 잊어버리지 않도록 늘 힘써야 하겠습니다. 신앙생활의 연조가 깊어지면서 감사도 깊어지면 좋겠지만 감사를 잃어버리고 불평과 원망만 남는 경우들이 얼마나 많습니까? 절기가 돌아올 때마다 다시금 우리 안에 감사의 마음을 회복하기를 힘써야 하겠습니다. 무엇보다 매 주일이 돌아올 때마다 주님이 날 위해 죽으셨다가 다시 살아나심으로 이루어 주신 구속의 은혜를 감사하는 마음이 충만해야 하겠습니다.

글을 나가면서

범사에 감사하며
살 수 있습니다

행복한 사람은 어떤 상황이나 여건에서도 먼저 감사할 일을 찾아냅니다. 하지만 불행한 사람은 불평과 원망의 요소들을 찾아냅니다. 결국 행복은 외적 조건의 문제가 아니라 마음의 문제입니다.

우리 마음이 그리스도의 은혜로 충만할 때 범사에 감사하며 살 수 있습니다. 바로 그렇게 사는 것이 참된 행복의 비결입니다.

부디 이 책을 읽는 모두가 주 예수 그리스도의 은혜 안에서 늘 행복하시기를 진심으로 기원합니다.

김원광 목사

「희망절벽시대」「N포세대」희망 동력서!
소망을 견고하게 하는 10가지!

포기하지 않는 한 소망이 있습니다

극동방송 「메기 성경 강해」 진행자
김성근 목사(목동제일교회) 지음

결코 포기하지 않을 때
꿈의 날개를 활짝 펼 수 있다

「하나님께 더 가까이」(Nearer My God) 시리즈
믿음의 사람으로 서게하는 그룹/개인 성경 공부

❶ 하나님 **약속**에 합당한 사람(열왕기상 01~12장)
❷ 하나님 **능력**에 합당한 사람(열왕기상 13~22장)
❸ 하나님 **사역**에 합당한 사람(열왕기하 01~10장)
❹ 하나님 **은혜**에 합당한 사람(열왕기하 11~25장)

하나님을 더욱 깊이 알아가기를 소망하는 이들에게는 디딤돌이 되고
믿음이 더욱 성장하며 자라기를 소망하는 이들에게는 밑거름이 되어
하나님께 더욱 가까이 가게 하는 책!

임마누엘교회 담임 나종원 목사 지음

맞춤형 30일간 무릎기도문 시리즈

가정❶	자녀를 위한 무릎기도문	
가정❷	가족을 위한 무릎기도문	
가정❸	남편을 위한 무릎기도문	
가정❹	아내를 위한 무릎기도문	
가정❺	태아를 위한 무릎기도문	
가정❻	아가를 위한 무릎기도문	
가정❼	재난재해안전 무릎기도문 (부모용)	
가정❽	재난재해안전 무릎기도문 (자녀용)	
가정❾	십대의 무릎기도문 (십대용)	
가정❿	십대자녀를 위한 무릎기도문 (부모용)	
교회❶	태신자를 위한 무릎기도문	
교회❷	새신자 무릎기도문	
교회❸	교회학교 교사 무릎기도문	
365❶	우리 부모님을 지켜 주옵소서 (365일용)	
365❷	번성하게 하고 번성하게 하소서 (365일용)	
365❸	자녀축복 안수 기도문 (365일용)	
기도❶	선포(명령) 기도문	

無 혈연! 無 지연! 無 학연!
40만원으로 시작한 서울 생활!
3명으로 시작한 페이스튼 기독국제학교!
아직도 진행중인 생동적 스토리!

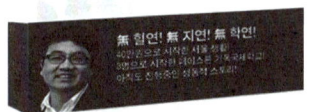

29세 청년, 학교를 설립하다!
심장이 뛰는 소리

페이스튼 기독국제학교 가현진 교장 지음

망망한 바다 한가운데서 배 한 척이 침몰하게 되었습니다.
모두들 구명보트에 옮겨 탔지만 한 사람이 보이지 않았습니다.
절박한 표정으로 안절부절 못하던 성난 무리 앞에 급히 달려 나온 그 선원이
꼭 쥐고 있던 손바닥을 펴 보이며 말했습니다.
"모두들 나침반을 잊고 나왔기에 …"
분명, 나침반이 없었다면 그들은 끝없이 바다 위를 표류할 수 밖에 없을 것입니다.

우리는 삶의 바다를 항해하는 모든 이들을 위하여
그 나침반의 역할을 해야 합니다.
우리를 구원하신 위대한 주 예수 그리스도를 널리 전해야 합니다.

"하나님은 모든 사람이 구원을 받으며
 진리를 아는 데에 이르기를 원하시느니라"
(디모데전서 2장 4절)

감사하며 삽시다

지은이 | 김원광 목사
발행인 | 김용호
발행처 | 나침반출판사

제1판 발행 | 2016년 9월 25일

등 록 | 1980년 3월 18일 / 제 2-32호
주 소 | 07547 서울특별시 강서구 양천로 583
          블루나인 비즈니스센터 B동 1607호
전 화 | 본사 (02) 2279-6321 / 영업부 (031) 932-3205
팩 스 | 본사 (02) 2275-6003 / 영업부 (031) 932-3207
홈 피 | www.nabook.net
이메일 | nabook@korea.com / nabook@nabook.net

ISBN 978-89-318-1523-8
책번호 다-2112

값은 뒷표지에 있습니다.